Knaur.

Knaur.

Im Knaur Taschenbuch Verlag sind bereits folgende Bücher des Autors erschienen:
Warum Krokodile nur bei Gewitter Sex haben
Der anschmiegsame Duschvorhang
Warum machen Querstreifen dick?

Über den Autor:
Bernd Harder, geboren 1966, besitzt eine größere Sammlung verwaschener Single-Socken und kauft grundsätzlich Geräte, die drei Tage nach Ablauf der Garantiezeit kaputtgehen. Er ist Wissenschaftsjournalist und Chefredakteur einer medizinischen Fachzeitschrift. Als Vorstandsmitglied der »Gesellschaft zur wissenschaftlichen Untersuchung von Parawissenschaften« (GWUP) wird Harder ständig mit weiteren Fällen von Rätselhaftem und Mysteriösem konfrontiert.

Bernd Harder

Warum die Waschmaschine Socken frisst

... und andere Rätsel des Alltags

Knaur Taschenbuch Verlag

Herausgegeben von Hans Christian Meiser

Besuchen Sie uns im Internet:
www.knaur.de

Originalausgabe Juli 2005

Redaktion: Beate Koglin
Umschlaggestaltung: ZERO Werbeagentur, München
Umschlagabbildung: FinePic, München
Satz: Ventura Publisher im Verlag
Druck und Bindung: CPI – Clausen & Bosse, Leck
Printed in Germany
ISBN 978-3-426-77801-2

8 10 9

Inhalt

Vorwort 19

Beim Einkaufen 21
Was bedeutet »8x4«? 21
Was meint die Abkürzung »i. Tr.« auf den Etiketten von Käsesorten? 21
Warum ist die Banane krumm? 22
Was heißt eigentlich »Persil«? 23
Wieso werden übrig gebliebene Schokoweihnachtsmänner nicht einfach zu Schokohasen umgeschmolzen? 23
Wie kommen die Streifen in die Zahnpasta? 23
Wieso gefriert bei tiefgekühltem Waffeleis die Waffel nicht? 24
Warum steht man immer in der falschen Schlange? 24
Wie heißt das »Ding«, das man an der Kasse zwischen die eigenen Waren und die des nächsten Kunden legt? 26
Warum schmeckt Katzenfutter nicht nach Maus oder Vogel? 26
Was heißt »IKEA«? 27
Was ist der Unterschied zwischen »Saft« und »Nektar«? 27
Warum fusseln Pullover? 28
Was bedeutet Schuhgröße 42? 29
Was hat die Bockwurst mit Böcken zu tun? 30
Wieso machen Süßigkeiten durstig? 31

Wie kommt die Brezel zu ihrer Form? 31
Was ist Eiswein? 32
Wie kommen die Löcher in den Käse? 32
Wie viel Geld ist im Geldautomaten? 33
Warum gibt es keine blauen Gummibärchen? 34
Was ist eine beleidigte Leberwurst? 36
Was will uns der Strichcode sagen? 37
Woraus wird weiße Schokolade gemacht? 38
Wie kommt der Rum in die Kugel? 39
Wer ist »Otto Normalverbraucher«? 40
Was ist der Unterschied
zwischen Obst und Gemüse? 41
Woran erkennt man eine reife Melone? 42
Warum schmecken Meeresfische nicht salzig? 43
Was genau ist »Leberkäse«? 43
Wieso gibt es weiße und braune Eier? 44
Wieso lassen sich viele Verpackungen
so schwer öffnen? 45

Bei der Grillparty 47
Wieso löschen warme Getränke
den Durst besser als kalte? 47
Wieso gibt es vierblättrige Kleeblätter? 47
Lassen sich Steaks »blutig« braten? 47
Warum soll man nach dem Genuss
von Obst kein Wasser trinken? 48
Was haben »Hamburger« mit Hamburg zu tun? ... 48
Wieso sind verkohlte Stellen
am Grillfleisch gefährlich? 49
Woher hat das Sandwich seinen Namen? 50
Was ist der Altweibersommer? 51
Wird Weizenbier aus Weizen gemacht? 51

Warum ist in alkoholfreiem Bier noch Alkohol? 52
Wieso heißt es in der Werbung:
»Das König der Biere«? 53
Kann man sich nur am Bierschaum betrinken? 54
Warum sagt man eigentlich:
»Das schlägt dem Fass den Boden aus«? 54
Was zieht Stechmücken an? 55
Wieso sterben Bienen nach dem Stechen? 55
Warum haben die Monate
Juli und August 31 Tage? 56
Wieso können manche Menschen
über glühende Kohlen gehen? 56
Woher kommen die Steine im Garten? 58
Warum ist der Himmel blau? 59
Warum niest man manchmal,
wenn man in die Sonne schaut? 60
Wieso ist der Wetterbericht so unzuverlässig? 61
»Schnell wie der Blitz« – was heißt das genau? 62
Sind Handys bei Gewitter gefährlich? 62

Beim Sommerspaziergang 65
Wie entsteht Wind? 65
Wie schnell ist der Wind? 67
Wieso fällt eine Regenwolke nicht vom Himmel? ... 67
Warum heißt es Ballonfahrt,
obwohl ein Ballon doch fliegt? 68
Warum singen die Vögel? 69
Wieso soll der Storch die Kinder bringen? 70
Was bedeuten die Punkte
auf dem Rücken von Marienkäfern? 71
Wieso kündigt Abendrot schönes Wetter an? 71
Warum sind Eiswürfel kälter als Speiseeis? 72

Wie viel Natur darf man
mit ins Wohnzimmer nehmen? 73
Warum misst man die Temperatur
nur »im Schatten«? 73

Im Urlaub 75
Was heißt »Urlaub«? 75
Wieso braucht der Mensch eigentlich Urlaub? 75
Was bedeuten die Hotelsterne? 77
Woher stammt das Wort »Süßwasser«? 79
Wie kommt das Salz ins Meer? 79
Was bedeutet »MS« vor einem Schiffsnamen? 80
Wieso haben Schiffe runde Fenster? 80
Was ist eine Registertonne? 80
Ist das Tote Meer biologisch tot? 81
Ist das Rote Meer rot? 81
Wieso werden Wellen höher und brechen sich,
wenn sie sich dem Strand nähern? 82
Ist Holland dasselbe wie Niederlande? 82
Was heißt »Moin Moin«? 83
Wieso gibt es in einem See,
einem Schwimmbecken oder in der Badewanne
keine Gezeiten? 83
Wieso wird ein Radio lauter,
wenn man die Antenne berührt? 86
Warum applaudieren Fluggäste
bei der Landung? 86
Was macht die Flugzeugcrew am Zielort? 87
Warum trinken im Flugzeug
so viele Leute Tomatensaft? 89
Wieso bekommt im Flugzeug immer
die andere Sitzreihe zuerst das Essen serviert? 90

Wieso ist es nachts in der Wüste so kalt? 91
Wieso spüren wir nicht, dass die Erde sich dreht? . . . 91
Warum heißt es: »Neapel sehen und sterben«? 92
Was macht eine Kirche zu einem Dom
oder zu einer Kathedrale? 93
Warum ist es in New York
immer sechs Stunden früher? 94
Worauf wartet der Sekundenzeiger
der Bahnhofsuhr? 94
Warum lächelt die Mona Lisa? 95
Wieso darf man alte Gemälde
nicht fotografieren? 96
Wieso hört man in einer Muschel
das Rauschen des Meeres? 97
Welches waren die sieben Meere? 98
Wieso ist es auf den Bergen kälter als im Tal? 98
Woher kommt in den Bergen
oder beim Fliegen der Druck in den Ohren? 100
Heiraten in Las Vegas – wie geht das eigentlich? 101

Unterwegs 103
Wieso gibt es Staus,
ohne dass ein Unfall passiert ist? 103
Welchen Sinn hat die Verkehrsfunkwarnung,
dass »das Stauende sich hinter einer Kurve«
befindet? 104
Hat ein Pferd genau ein PS? 105
Blufft Haarspray den Radarblitz? 106
Wieso ist der Radarblitz rot? 106
Wieso dürfen Radiosender
vor Radarfallen warnen? 106
Warum ist Bayern ein Freistaat? 107

Was bedeutet das »Y« auf dem Nummernschild von Bundeswehrfahrzeugen? 108
Wen erreicht man über die Notrufsäule? 109
Warum erstarren Rehe im Scheinwerferlicht? 109
Wieso herrscht in England Linksverkehr? 110
Kann man seinen Autoführerschein verlieren, wenn man betrunken Fahrrad fährt? 111
Warum fahren Polizei und Feuerwehr auch nachts mit Sirene? 112
Warum heißt das Martinshorn »Martinshorn«? 113
Was bedeutet das Schild »TIR« an einem LKW? . . . 114
Was bedeuten die kleinen orangefarbenen Schilder mit Panzer- oder LKW-Symbolen, Zahlen und Pfeilen? 115
Wieso sind die Ampelfarben Rot, Gelb und Grün? . . . 116
Wie werden die Autobahnen nummeriert? 116
Wieso sieht man auf kilometerlangen Autobahnbaustellen oft weit und breit niemanden arbeiten? 117
Wie schnell fährt ein Auto wirklich, wenn der Tacho Tempo 100 anzeigt? 119
Was nehmen die kleinen Kameras auf, die an Autobahnbrücken hängen? 120
Was sucht ein Marder unter der Motorhaube? 121
Was ist der Unterschied zwischen Super- und Normalbenzin? 122
Woher kommt der Schmutzfilm auf der Innenseite der Windschutzscheibe? 123

Im Tierpark 125
Wie trinken Fische? 125

Was sind Krokodilstränen? 126
Wie halten schlafende Vögel sich auf ihrem Ast fest? 127
Wieso bekommt ein Specht vom Hämmern kein Kopfweh? 127
Wie gefährlich sind Piranhas? 128
Wie kommt das Känguru in den Beutel? 130
Warum ist das Faultier eigentlich so faul? 130
Woher hat das Meerschweinchen seinen Namen? 131
Wieso legen Hühner ständig Eier? 131
Wieso sind Hühnereier eiförmig, Schlangeneier aber rund? 131
Wieso nicken Hühner und Tauben dauernd? 132
Wieso gibt es keine so großen Echsen und Affen wie Godzilla oder King Kong? 133
Wieso schnüffeln Kaninchen ständig mit der Nase? 135
Warum lassen Hunde bei heißem Wetter die Zunge heraushängen? 135

Auf einer Party 137
Woher hat das Eisbein seinen Namen? 137
Wieso steckt man einen Löffel in den Hals einer angebrochenen Sektflasche? 137
Warum prickelt Champagner auf der Zunge? 138
Warum sinken bei manchen Biersorten die Blasen nach unten statt aufzusteigen? 138
Wie entsteht ein »Kater«? 139
Warum wirkt Tee beruhigend, wenn er länger zieht? 140
Wie entstehen die Farben des Feuerwerks? 140

Was bedeutet die Bezeichnung »V. S. O. P.« beim Cognac? . . . 141
Was ist die Mehrzahl von »Pizza«? . . . 142
Was ist Magenknurren? . . . 142
Warum werden wir nach dem Essen müde? . . . 142
Wieso wird Gebäck weich, wenn man es offen liegen lässt – Brot aber hart? . . . 143
Wieso gibt es kaum weibliche Spitzenköche? . . . 143

Zu Hause . . . 145
Warum knackt es beim Lichteinschalten im Radio? . . . 145
Warum frisst die Waschmaschine Socken? . . . 145
Woraus besteht eigentlich Staub? . . . 146
Warum tragen Maler weiße Arbeitskleidung? . . . 147
Wieso vergeht der Badeschaum so schnell? . . . 147
Warum fällt das Brötchen immer mit dem Belag nach unten? . . . 147
Wieso quietschen Türen? . . . 148
Warum werden Kristallgläser in der Spülmaschine trüb? . . . 149
Warum haben Waschmaschinen ein Fenster, Geschirrspüler nicht? . . . 149
Wieso klebt Klebstoff nicht innen an der Tube fest? . . . 150
Woher kommt der Schmutzrand an der Badewanne? . . . 150
Weshalb bildet sich auf Milch beim Erhitzen Haut? . . . 150
Wieso sprudelt kochendes Wasser? . . . 151
Wie kommt die Dampfnudel zu ihrem Namen? . . . 151
Warum soll man Spinat nicht wieder aufwärmen? . . . 151

Darf man Pilze aufwärmen? 152
Warum tränen die Augen
beim Zwiebelschneiden? 152
Wieso wird bei Gewitter die Milch sauer? 153
Warum fressen Hunde im Stehen,
während Katzen oft über ihrem Futter kauern? 154
Wieso fressen Katzen gerne Fisch? 155
Weshalb springen Goldfische
manchmal aus dem Aquarium? 155
Warum ächzen und stöhnen alte Häuser? 156
Warum ekeln wir uns vor Spinnen? 156
Wieso klebt der Duschvorhang an der Haut? 156
Warum beißen Hunde Briefträger? 157
Warum heißen die meisten
Wellensittiche »Hansi«? 158
Was klackert in einer Farbspraydose? 159
Wieso lässt sich der Kühlschrank
nach dem Schließen nur mit einigem Kraftaufwand
sofort wieder öffnen? 160
Wieso vertauscht ein Spiegel links und rechts,
aber nicht oben und unten? 160
Wie oft kann man Altpapier recyceln? 161
Wieso steigen die Müllgebühren, obwohl
die Deutschen Weltmeister im Recyceln sind? 161
Warum ist es bei Hempels unterm Sofa
so unordentlich? 162

Vor dem Fernseher 163
Wieso werden im Tennis
die Punkte 15, 30, 40 gezählt? 163
Warum laufen Räder im Film
manchmal rückwärts? 164

Schauen Tiere gern TV? 165
Warum tanzen Schlangen nach Flötenmusik? 166
Warum gibt es keine berühmten Mädchenchöre? . . . 166
Wer ist der Aufsichtsbeamte beim Lotto? 167
Kann man Gläser zersingen? 167
Was passiert, wenn ein Föhn
in die Badewanne fällt? 168
Warum schläft ein Bein ein? 169
Wieso sind die Werbespots im Fernsehen so laut? . . . 169
Wieso ist Gähnen ansteckend? 171
Wieso stellen sich die Haare auf,
wenn man den Fernsehschirm berührt? 172
Wieso laufen die guten Filme (und auch
die Werbung) immer gleichzeitig? 174
Was heißt »Make my day«? 175
Wieso tragen die Richter und Anwälte
in England Perücken? 176
Was bedeutet »Werder« Bremen? 176
Warum sagen die Fußballreporter
»AC Milan« statt »Mailand« oder »Milano«? 177
Warum heißen die italienischen Fußballfans
»Tifosi«? 178
Wie kommt der Nebel auf die Bühne? 178
Wieso trägt Donald Duck
einen Matrosenanzug? 179
Was bedeuten die seltsamen Haarfarben
in den Trickfilmen aus Japan? 180
Kann man »unfähige« Politiker verklagen,
weil sie möglicherweise ihren Amtseid
gebrochen haben? 181
Wieso nimmt Israel am Grand Prix d'Eurovision
und am Europapokal teil? 183

Was heißt bei Lotterien oder Preisausschreiben: »Der Rechtsweg ist ausgeschlossen«? 183
Was ist eigentlich »Kult«? 183

Beim Winterspaziergang 189
Warum kommen die Zugvögel eigentlich wieder zurück? 189
Wieso ist der Schnee weiß? 189
Warum knirscht Schnee? 190
Wo sind die Eisverkäufer im Winter? 190
Wieso friert ein Gartenteich nie ganz zu? 191
Warum verlieren Bäume im Herbst die Blätter? 191
Wieso beschlägt drinnen die Brille? 192
Wieso rutscht man auf Eis aus? 193
Wieso bekommen Wasservögel keine kalten Füße? 193
Wie wachsen Pflanzen im Winter? 194
Soll man Unterkühlte mit Schnee einreiben? 194
Bekommt man von nassen Haaren eine Erkältung? 195
Ist es gefährlich, einen Nieser zu unterdrücken? 195
Wieso flackert das Licht von Sternen, aber nicht von Planeten? 196
Wo sind die Mücken im Winter? 196
Was bringt ein Schaltjahr? 197

Im Wartezimmer 199
Wozu braucht man einen Blinddarm? 199
Warum werden die Menschen immer größer? 200
Woher kommen die weißen Flecken auf den Fingernägeln? 200
Wieso soll man kein destilliertes Wasser trinken? . . . 200

Warum leben Frauen länger als Männer? 201
Gibt es den Eid des Hippokrates noch? 203
Warum haben Männer Brustwarzen? 206
Wieso wünscht man sich
Hals- und Beinbruch? 207
Wieso ist unser Körper 36,8 Grad warm? 207
Warum haben wir Weisheitszähne? 208
Was passiert beim Fingerknacken? 208
Warum verursachen
manche Speisen Blähungen? 209
Warum schrumpelt die Haut beim Baden? 210
Warum wird ein blauer Fleck mit der Zeit
gelb und grün? 211
Warum ist OP-Kleidung grün? 212
Wieso kann man Beipackzettel
kaum wieder richtig zusammenfalten? 212

Im Büro 213
Woher kommt das @-Zeichen? 213
Wieso sind die Buchstaben auf einer Tastatur
so durcheinander angeordnet? 213
Was bedeutet der Ausdruck »sic«, den man
manchmal in Büchern findet? 215
Ist das Moorhuhn so doof
wie im Computerspiel? 215
Wieso nicken wir beim Jasagen? 216
Was bedeutet o. k.? 216
Warum heißt eine Milliarde
auf Englisch »billion«? 217
Woher kommt das Wort »Spam«? 219
Warum sind Buchrücken mal rechtsrum
und mal linksrum bedruckt? 220

Wieso sind die Zahlen auf der Tastatur eines Taschenrechners anders angeordnet als bei einem Telefon? . . . 222
Warum leuchten selbstklebende Briefumschläge beim Öffnen? . . . 224
Wie oft kommt der Buchstabe F in diesem Text vor? . . . 225
Wieso sind Gerüchte so beliebt? . . . 226
Was sind »Schnapszahlen«? . . . 227

Beim Friseur . . . 229
Wieso müssen Frauen beim Friseur mehr bezahlen als Männer? . . . 229
Wie entstehen die natürlichen Haarfarben? . . . 231
Haben Adlige blaues Blut? . . . 232
Was bedeutet es, »Graf« zu sein? . . . 233
Wieso wird heute noch jemand zum Ritter geschlagen? . . . 235
Wer war das deutsche »Fräuleinwunder«? . . . 236

Smalltalk . . . 239
Warum geht gerade das schief, was nicht schief gehen soll? . . . 239
Wieso bekommen Abgeordnete »Diäten«? . . . 240
Wieso ist die CDU »schwarz« und die SPD »rot«? . . . 241
Warum muss die Wirtschaft ständig wachsen? . . . 241
Wieso gibt man »Fersengeld«, wenn man flieht? . . . 243
Wie heißen die ersten zehn Jahre eines Jahrhunderts? . . . 244
Was bedeuten die Farben der deutschen Flagge? . . . 245
Woher stammt die Bezeichnung 08/15? . . . 246

Woher kommt der Aprilscherz? 246
Wieso sind wir kitzelig? 247
Wieso juckt es manchmal? 248
Gibt es den Index des Vatikans noch? 249
Warum gibt es Linkshänder? 250
Wieso klingt die eigene Stimme
im Lautsprecher fremd? 251
Wieso ist Freitag, der 13. ein Unglückstag? 252
Warum spucken manche Männer dauernd? 253
Woran liegt es, dass alles immer schneller
kaputtzugehen scheint? 254
Wie viele Menschen haben
jemals auf der Erde gelebt? 260
Gibt es mehr Frauen oder
mehr Männer auf der Welt? 260
Wieso bringt der Osterhase bunte Eier? 261
Warum vermeidet man im Fahrstuhl
den Blickkontakt? 262
Darf man im Restaurant den Wein zurückweisen,
nachdem man ihn gekostet hat? 264
Warum gehen Frauen immer zu zweit
auf die Toilette? 264
Was bedeutet der rote Punkt, den manche
Inderinnen auf der Stirn tragen? 265
Wer ist der »deutsche Michel«? 265
Wieso haben Menschen keine Brunftzeit? 266

Statt eines Nachworts: »Akte X« ungelöst 269

Vorwort

Warum eigentlich braucht jedes Buch ein Vorwort?

Wer liest Vorworte?

Heißt es »Vorworte« oder »Vorwörter«?

Es heißt »Vorworte«, sagt die *Duden*-Sprachberatung.

Werden Vorworte gelesen?

»Nö, überflüssig, rausreißen«, empfiehlt ein namenloser Chatter im »inoffiziellen Fernseh- und Medienforum ioff.de«.

»Wenn ein Vorwort länger als eine Seite ist, lese ich es meistens nicht«, meint ein anderer Teilnehmer.

Prima – dann wird er dieses Vorwort also möglicherweise lesen.

»Ich finde auch, es sollte nicht zu lang sein«, kommentiert schließlich eine gewisse »Katinka« an gleicher Stelle: »Bevor ich das Buch lese, überfliege ich das Vorwort aber meistens, um einen Überblick/Eindruck zu bekommen, was drinsteht.«

Was hiermit hoffentlich geschehen ist, nach nur 18 Zeilen.

Denn wir sind bereits mitten im Thema, sodass »Katinka« und Co. nun sogleich zum – wesentlich interessanteren – Inhalt übergehen können.

Warum ist die Banane krumm? findet sich da zum Beispiel.

Oder: Wieso gibt es Staus, ohne dass ein Unfall passiert ist?

Wo sind die Eismänner im Winter? Warum beißen Hunde Briefträger? Wer ist der »Aufsichtsbeamte« beim Lotto?

Wieso müssen Frauen beim Friseur mehr bezahlen als Männer?

Ganz andere Frage: Muss man das wissen?

Wohl nicht unbedingt.

Aber es macht einfach Spaß zu wissen, ... warum wir immer in der falschen Schlange stehen, wieso Donald Duck einen Matrosenanzug trägt oder wie die Streifen in die Zahnpasta kommen. Der »Benefit« (ein weiteres Alltagsrätsel: Warum sagt man nicht einfach Nutzen?) der 283 Fragen und Antworten wird sich gewiss nicht nur beim Bürosmalltalk oder bei der nächsten Party erweisen.

Finden Sie auf alle Mysterien unseres Alltags in diesem Buch eine Antwort?

Nein.

Oder wissen Sie, warum man immer nur einen einzelnen Schuh am Straßenrand herumliegen sieht. Wo ist der andere?

Und genauso ist es mit einem Vorwort.

Warum braucht jedes Buch ein Vorwort?

Schlicht gesagt: keine Ahnung.

Beim Einkaufen

Was bedeutet »8x4«?

32?

Gewiss. Aber was hat diese Zahl mit Deo oder Seife zu tun?

Die deodorierende (unangenehmen Körpergeruch hemmende) Wirkung von »8x4«-Produkten basiert auf einer Substanz mit dem zungenbrecherischen Namen Dihydroxyhexachlordiphenylmethan. Das kommt einem nicht gerade leicht über die Lippen – nicht einmal den Chemikern der Firma Beiersdorf, die täglich mit Dihydroxyhexachlordiphenylmethan arbeiten. Intern nannten sie den Stoff daher nur »B 32«. Das aber klang wiederum dem einstigen Werbechef des Kosmetikriesen, Juan Clausen, zu langweilig. Und so brachte er Dihydroxyhexachlordiphenylmethan unter dem knackigen Produktnamen »8x4« in den Handel. Das war 1951 – und eine Beauty-Sensation, denn »8x4« war die erste deodorierende Seife auf dem Markt.

Erfolgreich ist die Marke bis heute. Juan Clausen hatte sich nicht verrechnet.

Was meint die Abkürzung »i. Tr.« auf den Etiketten von Käsesorten?

Fett oder mager?

Das lässt sich bei den meisten Käsesorten nur ungefähr erahnen. Es sei denn, man knackt den Käsecode auf der Verpackung: Die Abkürzung »i. Tr.« steht für den Fettgehalt des Käses in der Trockenmasse und bezieht sich auf hundert Gramm. Diese Bezeichnung gibt an, wie viel Fett im Käse enthalten ist, nachdem ihm das Wasser entzogen wurde.

Allgemein gilt: Je weniger Wasser ein Käse enthält, desto fettreicher ist er.

Wollen Sie den exakten Fettgehalt ermitteln?

Kein Problem: Multiplizieren Sie die »Fett i. Tr.«-Angabe mit folgenden Werten:

- mit 0,3 bei Frischkäse
- mit 0,5 bei Weichkäse
- mit 0,6 bei Schnittkäse
- mit 0,7 bei Hartkäse

Warum ist die Banane krumm?

Weil keiner in den Urwald zog und sie gerade bog?

Nein.

Hoch wissenschaftlich hat sich die »Naturforschende Gesellschaft Luzern« (NGL) mit dieser Frage beschäftigt, eine Regionalgesellschaft der Schweizerischen Akademie der Naturwissenschaften: »Die Antwort darauf kann man leicht erkennen, wenn man sich nicht eine einzelne Banane, sondern eine ganze Bananenstaude anschaut. Denn die Banane ist eine Beerenfrucht und wächst in ähnlichen Trauben wie der Wein.

Die einzelnen Bananen – bis zu 16 Früchte – sprießen in mehreren Kränzen, die an der Staude dicht übereinander liegen. Beim Wachsen streckt sich jede einzelne Banane nach oben zum Licht. Weil sie aber seitlich aus der Staude herauswachsen, müssen sich die Bananen auf dem Weg zum Licht stark krümmen.«

Was heißt eigentlich »Persil«?

Der Name des Waschpulvers ist ein Kunstwort aus den Inhaltsstoffen Perborat (Bleichmittel) und Silikat (Kieselsäure).

Auch viele andere Markennamen sind keine reine Fantasie: »Lenor« kommt vom lateinischen »lenis«, was »weich« bedeutet. Die »Haribo«-Süßigkeiten sind nach dem Firmengründer Hans Riegel und dem Unternehmenssitz Bonn benannt. »Zewa« kommt aus einer Zellstofffabrik in Waldhof, und »Hanuta« ist einfach eine Haselnusstafel.

Wieso werden übrig gebliebene Schokoweihnachtsmänner nicht einfach zu Schokohasen umgeschmolzen?

Die Weihnachtsmänner alle mühselig von ihrem farbenfrohen Stanniolkleid, von Rute, Mütze, Bart befreien und nach dem Einschmelzen wieder neu verpacken? Diesmal als putziges Langohr?

Viel zu aufwändig, zu teuer, unwirtschaftlich. Und auch im Hinblick auf die Warenfrische nicht vertretbar. Nein, dem Handel bleibt nur, die süßen Saisonfiguren nach den Feiertagen preisreduziert anzubieten. Oder an Wohlfahrtsorganisationen zu spenden.

Wie kommen die Streifen in die Zahnpasta?

Die Tube wird in zwei Schritten mit Zahncreme gefüllt: zuerst mit der roten Creme (wenig), dann mit der weißen Creme (viel). Zwischen den beiden Cremes befindet sich längs eine dünne Wand. Aber: Diese Trennwand hat kleine Schlitze. Drückt man nun auf die Tube, schiebt sich die weiße Creme in den Tubenhals.

Zugleich werden durch den Druck dünne Streifen der roten Creme durch die Schlitze der Trennwand gepresst. Kurz vor der Tubenöffnung legen sich die roten Streifen auf die weiße Creme. Da sich der Druck stets gleichmäßig nach allen Seiten ausdehnt, kann man die Tube drücken, wo man will – es klappt immer.

Wieso gefriert bei tiefgekühltem Waffeleis die Waffel nicht?

Tiefgefrorenes Brot ist steinhart. Waffeleis nicht.

Der Unterschied: Brot ist vergleichsweise dick und enthält auch nach dem Backen noch Wasser, weil es nicht bis ins Innere austrocknen kann. Waffeln dagegen wird schon bei der Herstellung sämtliche Feuchtigkeit entzogen, damit das dünne Knuspergebäck seine Form auch unter großer Hitze exakt beibehält.

Warum steht man immer in der falschen Schlange?

Besser im Supermarkt die langsamste Schlange erwischen – als im Zoogeschäft von der schnellsten erwischt zu werden. Solche Kalauer sind nur dann lustig, wenn man nicht gerade mit dem Einkaufswagen in einer Riesenschlange steht, während vorne die Tomaten keinen Preisaufkleber haben, der Scanner nicht funktioniert, die Kassenrolle zu Ende ist, die Kassiererin den Stornoschlüssel nicht findet …

Solche und noch viele andere Unregelmäßigkeiten sind genau der Grund, warum eine kürzere Schlange nicht immer die schnellste ist, sondern plötzlich zum Stillstand kommen kann.

In groß angelegten Simulationsprogrammen haben Wissenschaftler herausgefunden: Warteschlangen sind unberechenbar. »Der eine hat wenig im Korb, der andere viel. Der mit den drei Artikeln will mit Karte bezahlen. Und, und, und …«

Dummerweise aber halten wir uns selbst für »Schlangenexperten«: Wir beobachten, wie flott die Kassiererin tippen kann. Ob die Einkaufswagen vor uns randvoll sind – und stellen uns dementsprechend an. Manchmal klappt das. Oft nicht. Denn auf einmal geht an der Kasse das Wechselgeld aus. Oder das Toastbrot ist falsch ausgezeichnet …

Einen humorigen Erfahrungsbericht in Sachen »Schlangenkunde« hat ein Betroffener unter www.greatbelow.de/misc/schlange.html ins Internet gestellt. Die Geschichte spielte sich vor einem Postschalter in Bayreuth ab.

Einige Auszüge daraus:

»... ich stellte mich wie üblich in der linken Schlange an. Das mache ich aus statistischen Gründen, denn die Statistik sagt, dass die Wahrscheinlichkeit, dass die linke Schlange schneller als die rechte ist, genauso groß ist wie die Wahrscheinlichkeit, dass die rechte Schlange schneller als die linke ist … Natürlich steht man rein subjektiv trotzdem immer in der falschen. Heute begann es jedoch sehr viel versprechend. (...) Mein Vordermann hat nur einen Briefumschlag dabei. (...) Und dann holt er eine orange Paketabholkarte raus. Eigentlich noch nicht so tragisch. Dummerweise kann der Postangestellte die Sendung im Lagerraum nicht sofort finden. Aber er gibt nicht auf. (...) Rechts von mir rutschen die Kunden nur so durch. (...) Der Postangestellte hat es gefunden. Klasse. … Von wegen: ›Dann bekomme ich bitte 1123,50 Euro Nachnahme‹, sagt der Postler.

Tja, da ist mein Vordermann total überrascht, … (und)

ich stelle fest, dass meine Fähigkeit, Leute durch bloße Willenskraft aufzulösen, leider extrem unterentwickelt ist ...«

Schlangen sind eben gemein.

Wie heißt das »Ding«, das man an der Kasse zwischen die eigenen Waren und die des nächsten Kunden legt?

Kommt drauf an: Die Verkäuferinnen sagen meistens »Schuber«. Die Geschäftsführer der großen Warenhäuser, Super- und Baumärkte reden von der »Warentrennleiste«.

Die Hersteller des rechteckigen Drei- oder Vierkants aus Holz oder Plastik – in der Regel Werbefirmen – haben verschiedene Bezeichnungen: »Warenteiler«, »Warentrenner« oder auch »Kundentrenner«. Und die Kunden? Amüsieren sich über das »Warenauffließbandabtrennungsteilausplastikmanchmalauchausholz«. Beliebt auch: »Spießbürgerwall«, »Claimabstecker« oder schlicht »DasIstMeins«.

Warum schmeckt Katzenfutter nicht nach Maus oder Vogel?

Vögel und Mäuse eigens züchten, um sie zu schlachten und einzudosen?

So weit geht die Tierliebe in Deutschland dann doch nicht. Tierschutzverbände würden zu Recht Sturm laufen. Katzenfutter besteht aus den Abfällen der fleischverarbeitenden Industrie. Wenn die vierbeinigen Schnurrer Lust auf Geschmacksrichtungen à la Sperling oder Feldmaus haben, müssen sie schon selbst aktiv werden.

Was heißt »IKEA«?

»Idioten kaufen einfach alles«? Nicht doch – schließlich hat der beliebte IKEA-Katalog eine Weltauflage von 118 Millionen Exemplaren.

IKEA steht für »Ingvar Kamprad aus Elmtaryd bei Agunnaryd«, und dahinter verbirgt sich der Unternehmensgründer Ingvar Kamprad aus Elmtaryd in der Nähe von Agunnaryd in Südschweden.

Was ist der Unterschied zwischen »Saft« und »Nektar«?

Nehmen wir als Beispiel Bananensaft:

Bananensaft müsste zu 100 Prozent aus Banane gewonnen werden, ohne Wasser und ohne zusätzlichen Zucker – und also die gesamte Palette der Geschmacks-, Farb- und Ernährungseigenschaften frischer Bananen beinhalten. Das ist technisch derzeit noch nicht möglich; ein entsprechendes Verfahren sei aber 2004 in Frankreich zum Patent angemeldet worden, meldete der *Informationsdienst Wissenschaft (idw)*.

Bis es »echten« (puren) Bananensaft mit den wichtigsten qualitativen Eigenschaften der Früchte zu kaufen gibt, müssen wir mit Bananennektar vorlieb nehmen. Das heißt mit einem Getränk aus Fruchtfleisch, Zucker und Wasser. Der Unterschied zwischen »Saft« und »Nektar« liegt also im Fruchtgehalt – kurz gesagt hat Saft einen sehr viel höheren Fruchtgehalt (100 Prozent) als Nektar (vorgeschrieben sind 50 Prozent).

Fruchtsäfte besitzen die charakteristische Farbe, das Aroma und den Geschmack der Fruchtarten, aus denen sie gewonnen werden. Sie dürfen keine fremden Zusätze, wie z. B. Konservierungsmittel oder Farbstoffe, enthalten.

Der Gehalt an Fruchtsaft oder Fruchtmark beim Nektar ist gesetzlich geregelt, Orangennektar muss zum Beispiel einen Fruchtgehalt von mindestens 50 Prozent aufweisen. Er besteht also zur Hälfte aus dem Saft von Orangen, der Rest ist Wasser und Zucker.

Daneben gibt es noch Fruchtsaftgetränke. Das wiederum sind Mischungen von Fruchtsäften (oder Konzentrat) mit Trink- oder Tafelwasser und Zucker. Der Saftanteil ist also noch geringer als beim Fruchtnektar und beträgt bei Kernobst etwa 30 Prozent, bei Beeren und Steinobst etwa zehn und bei Zitrusfrüchten sechs Prozent.

Das jedenfalls schreiben die gesetzlichen Bestimmungen vor; tatsächlich sind die Saftanteile aus Qualitäts- und Geschmacksgründen oft höher. Trotzdem dürfen Fruchtsaftgetränke nicht mit Bildern von Früchten auf dem Etikett werben.

Warum fusseln Pullover?

»Pilling« heißt das im Fachjargon, wenn sich lästige kleine Knötchen auf dem Pulli bilden. Pilling hängt von mehreren Faktoren ab: von der Qualität des Garns, vom Fasertyp, von der Strickdichte und der Garndrehung. Nehmen wir exemplarisch die Garndrehung: Je stärker sie ist, umso fester und haltbarer ist das Garn – was einen Pullover hart und robust macht. Je geringer die Garndrehung, umso weicher ist der Pulli. Dafür fusselt er mehr.

Oder der Fasertyp: Je länger die Faser, desto weniger lose Enden stehen aus dem Garnverbund heraus. Die Folge: kaum Fusseln, weil nur die Faserenden »pillen«.

Was bedeutet Schuhgröße 42?

Jedenfalls nicht, dass der Fuß 42 Zentimeter lang ist. Schuhgröße 42 entspricht einer Fußgröße von etwa 28 Zentimetern.

Die Schuhgröße wird nämlich nicht in Zentimetern angegeben, sondern in der Maßeinheit »Stich«. Der Stich ist das Längenmaß, mit dem der Schuhmacher die Länge des Leistens angibt, und ist 2/3 Zentimeter (0,66 cm) oder 6,66 Millimeter lang. Die Fußlänge errechnet sich also aus der Schuhgröße mal 0,66. Oder einfacher: Schuhgröße geteilt durch 3 mal 2 = Zentimeterlänge. Um bei dem obigen Beispiel zu bleiben: Die Füße eines Menschen mit Schuhgröße 42 sind 28 Zentimeter groß.

Jedenfalls in Deutschland.

Denn es gibt auch den französischen (oder Pariser) Stich, der in Westeuropa – außer in Italien – gebräuchlich ist und auf dem Meter basiert. Und es gibt noch den englischen Stich, der die Grundlage des englischen Schuhgrößensystems bildet und sich nach dem Zoll bemisst (1 englischer Stich = 0,846 Zentimeter).

Wieder anders: amerikanische Schuhgrößen. Deshalb sind etwa bei Sportschuhen die Größen meist in vier verschiedenen Bezeichnungen angegeben: Pariser Stich = EUR. Englisch = UK. Amerikanische Herrengrößen = US M. Amerikanische Damengrößen = US W.

Größe 42 ist zum Beispiel 8 (englisch/UK), 9 (amerikanisch/US M) und 10½ (amerikanische Damengröße).

Dieses Durcheinander hat historische Gründe: Bei industrieller Fertigung kann nicht für jede Fußgröße ein genau passender Schuh produziert werden, weil das zu teuer wäre – nicht umsonst haben Maßanfertigungen ihren Preis.

Schuhe aus dem Laden stehen nur in so genannten Größenabständen zur Verfügung. Würde man einen ganzen Zentimeter pro Schuhgröße zugrunde legen, wären die Größenabstände zu groß, bei einem halben Zentimeter zu klein. Also einigten sich die Europäer im 18. Jahrhundert weitgehend auf den »französischen Stich« von $2/3$ Zentimeter als Maß für die Schuhgröße.

Was hat die Bockwurst mit Böcken zu tun?

Nichts. Jedenfalls werden keine gehörnten Vierbeiner dafür verwurstet.

Bockwürste bestehen zu 85 Prozent aus Feinmett vom Schwein oder Schaf, von Geflügel oder Niederwild wie Feldhase, Fasan etc. In einigen Regionen wird auch Fischfilet zu Bockwurst verarbeitet.

Ursprünglich wurde das deutsche Fleischprodukt bevorzugt zu Bockbier serviert – daher der Name.

Was uns aber gleich zur nächsten Frage bringt: Was hat Bier mit Böcken zu tun? Gleiche Antwort: nichts. »Bockbier« ist eine Verballhornung von »Einbecker Bier«. Einbeck ist eine Hansestadt in Niedersachsen, wo im Mittelalter ein weithin berühmtes Starkbier gebraut wurde.

In Süddeutschland wurde aus dem kraftvollen Gerstensaft nach »Einbecker Art« erst »einpoeckscher«, später dann mundartlich »Ainpöckisch Bier«, »Ainpöck«, »Aimbock«, »Oambock« – und irgendwann schlicht »Bock«.

Ein Bockbier ist also eigentlich ein »Einbecker Bier«. Und zu dem legendären Getränk mit dem besonders hohen Stammwürzegehalt verlangten die fröhlichen Zecher nach einer deftigen Brühwurst, die schließlich einfach »Bockwurst« genannt wurde.

Mittelalterlich? Heute würde man neudeutsch vermutlich

sagen: Sie hatten »Bock« auf eine Wurst. Die Folge wäre vermutlich dieselbe: eben »Bockwurst«.

Wieso machen Süßigkeiten durstig?

Zuckerwatte, Bonbons, Gummifiguren, Schokoriegel ... lecker!

Allerdings besteht Naschwerk fast nur aus Zucker mit Geschmacksverstärkern, Konservierungs- und Farbstoffen sowie Geliermitteln – und der Geschmack von Zucker auf der Zunge löst automatisch Durst aus. Ist nämlich der Zucker erst einmal in Richtung Magen und Darm vorgedrungen, leitet der Körper Flüssigkeit in die Verdauungsorgane – die ihm dann an anderer Stelle fehlt. Also gibt die »Zentrale«, unser Gehirn, das Signal zum Trinken.

Denn Zuckerlösungen sind starke Reizmittel für die Magenschleimhäute und den Zwölffingerdarm; also muss der Organismus den hohen Zuckergehalt von Süßigkeiten erheblich verdünnen. Auf diese Weise entsteht im Wasserhaushalt ein Defizit. Entwarnung erfolgt erst, wenn der Zucker abgebaut ist. Wichtig: Nach dem Genuss von Süßem am besten Wasser trinken. Limo macht alles schlimmer.

Wie kommt die Brezel zu ihrer Form?

Vermutlich wurde die Brezel im Jahr 610 von einem italienischen Mönch erfunden. Der wollte mit übrig gebliebenem Brotteig Kinder für das Lernen des Katechismus belohnen. In ihrem Herkunftsland heißt die Brezel denn auch »bracciatelli«, was (Kinder-)»Ärmchen« oder auch »verschränkte Arme« bedeutet. Ihre eigenartige Form soll an die Haltung eines Beters erinnern.

Was ist Eiswein?

Eiswein wird aus Trauben hergestellt, die erst bei Außentemperaturen ab minus sieben Grad Celsius gelesen werden. Weil sie so lange reifen können und der Frost die Beeren austrocknet, enthält Eiswein mehr Aromastoffe und natürlichen Zucker. Das gibt ihm seinen unvergleichlichen Charakter.

Wie kommen die Löcher in den Käse?

Mit einem Stanzgerät? Mit der Bohrmaschine? Oder wird der Käse in vorgefertigte Formen gegossen, die die Löcher direkt mit einbauen? Oder hat es gar etwas damit zu tun, dass Mäuse Käse lieben?

Nicht ganz – aber kleine »Nager« spielen tatsächlich eine Rolle dabei. Und zwar Milchsäurebakterien, die unterm Mikroskop wie kleine Stäbchen aussehen. Die Mikroorganismen machen sich über die Fetttröpfchen der Milch her, saugen sie aus. Erst dadurch wird aus der Milch allmählich eine feste Masse, zuerst so ähnlich wie Joghurt und am Ende schließlich Käse. Und wie überall, wo Lebewesen etwas fressen und verdauen, entstehen Abfallprodukte – in diesem Fall Kohlensäure, die sich wie Luftbläschen aufbläht.

Und weil diese durch die Rinde nicht entweichen können, entstehen Hohlräume. Das sind dann Löcher im – aufgeschnittenen – Käse.

Wieso aber gibt es Käse mit großen Löchern (z.B. Maasdamer) und kleinen (z.B. Gouda)? Die Größe der Käselöcher hängt zum einen davon ab, wie viele Bakterienkulturen während der Reifung zugesetzt werden. Zum anderen von der Lagertemperatur: Gase dehnen sich bei Wärme stärker aus, also haben Käsesorten, die in einer warmen Umgebung

(Maasdamer: 20 Grad Celsius) gären, größere Löcher als andere (Gouda: 13 Grad Celsius).

Für den Käsemeister sind die Löcher übrigens sehr praktisch: Einmal auf die Käserinde geklopft, und schon weiß er genau, wie es um den Reifegrad seines Produkts steht. Denn reifer Käse klingt hohl, weil er schon viele Löcher hat, »junger« Käse dagegen eher dumpf.

Wie viel Geld ist im Geldautomaten?

Eine Allensbach-Umfrage brachte es an den Tag: Als wichtigste Innovation der vergangenen zwei Jahrzehnte gilt den Bundesbürgern der Geldautomat.

Und in der Tat ist die exakte Planung der Befüllungsmengen und des Auffüllzeitpunktes für Geldautomaten eine Wissenschaft für sich.

Denn jeder einzelne der etwa 50 000 Geldautomaten in Deutschland kostet die Banken Geld, weil dieser Service mit erheblichen Versicherungskosten und Zinsverlusten verbunden ist. Es soll zwar immer genügend Geld im Bankautomaten vorhanden sein, um alle Kunden zu bedienen – aber eben möglichst nicht mehr.

Angenommen, eine Bank betreibt 1500 Geldautomaten, in denen dauerhaft 20 000 bis 40 000 Euro mehr deponiert sind als abgehoben werden. Dann liegen zwischen 30 und 60 Millionen Euro ungenutzt im Automaten. Lässt die Bank diese Summe für eine Verzinsung von nur fünf Prozent arbeiten, läge der zusätzliche Zinsgewinn bei jährlich eineinhalb bis drei Millionen Euro. Hinzu kommen noch Einsparungen bei Versicherungs- und Transportkosten.

Auf ganz Deutschland bezogen heißt das: Wenn jeder Geldautomat nur 20 000 Euro weniger enthalten würde, ergäbe dies eine Summe von über einer Milliarde Euro. Bei einer Verzinsung des Geldes mit fünf Prozent würden die deutschen Kreditinstitute jährlich einen Reibach von rund 50 Millionen Euro machen.

Um möglichst flexibel zu bleiben, befüllen die Banken ihre Geldautomaten nach unterschiedlichen Prinzipien: Manche gehen von einer festgelegten Geldsumme im Automaten aus und bestimmen möglichst exakt den Zeitpunkt, zu dem das Geld aufgebraucht ist und das Gerät wieder aufgefüllt werden muss. Andere Institute machen es umgekehrt: Sie füllen ihre Automaten zum Beispiel alle sieben Tage auf und variieren die Geldmenge – und zwar je nach Standort, Wochentag, Saison etc.

Große Technologieunternehmen wie Siemens arbeiten beständig an Prognosetools, um den Banken »Intelligentes Cash Management« in Sachen Geldautomaten zu ermöglichen.

Lange Rede kurzer Sinn: In Geldautomaten ist unterschiedlich viel Geld.

Die Obergrenze liegt bei etwa 400 000 Euro.

Warum gibt es keine blauen Gummibärchen?

Gummibärchen sind üblicherweise rot, gelb, orange, grün oder farblos – jedenfalls »bei der Zuchtform *ursulinus elasticus vulgaris ssp haribo*«, wie der Fachaufsatz »Untersuchungen zur Farbigkeit von Gummibärchen« auf der kuriosen Internetseite www.gummibaerchen-forschung.de ausführlich darlegt: »Bei den Wildformen, die gelegentlich in der Nähe von Naturkostläden zu beobachten sind, existiert jedoch noch zusätzlich eine dunkelrot- bis dunkelblauviolette Form, bei der es sich hypothetischerweise um Nachkommen von Hybriden der roten mit der ausgestorbenen blauen Form handeln könnte ...«

Aber warum sind blaue Gummibärchen ausgestorben?

Auch darauf hat der Autor »Dr. U. v. Roman« eine Antwort: »Allerdings fanden die blauen und grünen Chimären und deren Hybride keinerlei Fressfeinde und starben eines natürlichen Todes infolge Sklerose. Mit dem Tod dieser Generation starb die gentechnisch erzeugte blaue Variante wieder aus, natürliche Nachkommen wurden nicht gefunden. Aus dieser letzten Beobachtung kann zwanglos gefolgert werden, dass das Gefressenwerden für die Fortpflanzung der Gummibären zwingend erforderlich ist. (Eine genauere Untersuchung hierüber ist in Vorbereitung.) Da die blauen Individuen nicht gefressen werden (wohl weil die blaue Färbung abschreckend auf Fressfeinde wirkt), ist ihr Aussterben bzw. ihr natürliches Nichtvorkommen zwangsläufig, da sie sich nicht mehr vermehren können.«

Das Ganze ist natürlich ein Witz – und ein recht komplizierter dazu. Was der Bärchenfan damit sagen will, ist wohl Folgendes: Psychologen behaupten, dass wir blaue Nahrungsmittel nicht unbedingt als appetitanregend empfinden, weil sie in der Natur kaum vorkommen und daher künstlich wirken, ja sogar »kalt« und abweisend.

Als Gegenbeispiele könnte man nun freilich auf Blaubeeren, Fanta Berry Blue oder Blue Curaçao verweisen – und tatsächlich hat es nichts mit unserem Seelenleben zu tun, dass es keine blauen Gummibärchen gibt. »Seit geraumer Zeit setzen wir den Goldbären und vielen anderen Produkten keine Farbstoffe zu«, klärt die Firma Haribo den Sachverhalt auf, »sondern färbende Auszüge aus Früchten und Pflanzen. Eine blaue Färbung des Fruchtgummis lässt sich mit Hilfe dieser Auszüge nicht erzielen.«

Rote Gummibärchen zum Beispiel erhalten ihre Farbe von der Schwarzen Johannisbeere, gelbe von der Zitrone. Blaubeeren würden nur für lilafarbene Gummibärchen taugen.

Zusatzfrage: Warum gibt es keine Tüten mit Gummibärchen nur einer Farbe – also die »sortenreine einfarbige Beutelabfüllung«, wie es im Fachjargon heißt? Antwort: »Die Nachfrage nach der eigenen Lieblingsfarbe bei Goldbären ist groß, jedoch ist es aus technischen Gründen nicht möglich, diese Verbraucherwünsche zu erfüllen. In unserem vollautomatischen Produktions- und Abfüllvorgang werden die Goldbären gleichzeitig im Mischungsverhältnis

- $1/3$ rote Goldbären,
- $1/6$ gelbe Goldbären,
- $1/6$ weiße Goldbären,
- $1/6$ grüne Goldbären,
- $1/6$ orange Goldbären

gegossen. Um den Wunsch nach einer sortenreinen Abpackung zu erfüllen, müssten die Goldbären nachträglich manuell wieder aussortiert werden. Dies würde aber zu erheblichen Beeinträchtigungen des Ablaufes führen, sodass wir die insgesamt große Nachfrage nach Goldbären gar nicht mehr befriedigen könnten.«

Was ist eine beleidigte Leberwurst?

Mitarbeiter der »Rügenwalder Mühle« behaupten, eine »leckere (und stolze) Pommersche Leberwurst 24 Stunden lang« übel beschimpft zu haben, um diese Frage zu klären. Leider erbrachte dieser Selbstversuch keinerlei Resultate – so er denn wirklich stattgefunden hat.

Klar ist nur: Um die Leber ranken sich zahlreiche Redensarten, weil dieses Organ dereinst als Sitz der Gefühle und des Temperaments galt. So reden wir »frei von der Leber weg«. Oder es ist uns »eine Laus über die Leber gelaufen«. Wer gerne und reichlich dem Alkohol zuspricht, hat »die Leber auf der Sonnenseite«.

Nicht umsonst ist es die Leber des unglücklichen Göttersprosses Prometheus, die in der griechischen Mythologie von einem Adler zerfleischt wird. Noch im 17. Jahrhundert entstand dieses Gedicht:

»Vergebens ist uns nicht die Leber einverleibet.
Sie, sie ist unser Gott, der uns zum Lieben treibet.
Wer gar nicht lieben kann, der wisse, dass anstatt
der Leber er faul Holz und einen Bovist hat.«

Aber was hat all das nun mit der Leberwurst zu tun? Darüber kann man leider nur spekulieren.

In Obersachsen ist eine volkstümliche Erzählung überliefert, nach der eine Leberwurst vor Ärger über eine Blutwurst aus ihrer Pelle platzte, weil die Blutwurst vor ihr aus dem Wurstkessel herausgeholt wurde.

So kam möglicherweise eins zum anderen.

Denkbar ist aber auch: »Du beleidigte Leber!« klingt einfach zu sperrig, also ergänzte man naheliegenderweise »...wurst«!

Was will uns der Strichcode sagen?

Zahlenkolonnen, schwarze, verschieden breite Striche mit Lücken dazwischen – wir leben in einer Welt geheimnisvoller Codes. Sie befinden sich auf Getränkedosen, Medikamentenschachteln und auch auf diesem Buch. Der Zweck des Strich- oder Bar- oder EAN-Codes ist bekannt: An der Kasse geht es schneller, weil der Warenpreis nicht mehr eingetippt werden muss, sondern mit optischen Abtastern (Scannern) elektronisch erfasst werden kann. Außerdem können von einem zentralen Rechner aus der gültige Verkaufspreis und auch weitere Informationen abgerufen, registriert und auf den Kassenbon aufgedruckt werden.

Doch was bedeutet der »Zebrastreifen« im Einzelnen?

Die Kombination aus Strichen und Zahlen stellt eine Art Personalausweis des Produktes dar. Die 13-stellige Ziffer ist die »Europäische Artikelnummerierung« (EAN), und der Strichcode darüber die maschinenlesbare Darstellung dieser EAN-Nummer. Daneben gibt es eine verkürzte Codierung mit einer achtstelligen Ziffernfolge.

Bleiben wir beim 13-stelligen EAN-Strichcode, der 1977 entwickelt wurde: Aus den ersten beiden Ziffern (Länderkennziffer) ist das Herstellerland ersichtlich (Deutschland: 40 bis 44). Die folgenden fünf Ziffern verraten den Hersteller. Die nächsten fünf Ziffern bilden die interne Artikelnummer dieses Herstellers, bezeichnen also detailliert Produkt, Farbe, Größe etc. Die letzte Ziffer ist eine Prüfziffer und dient dazu, etwaige Lese- oder Eingabefehler aufzudecken. Sie wird aus den vorangegangenen zwölf Ziffern berechnet. Passt sie nicht zu anderen, kann die Ware an der Kasse nicht eingescannt werden.

Woraus wird weiße Schokolade gemacht?

Wer weiße Schokolade herstellen will, muss nicht etwa mehr Milch zusetzen – sondern das Kakaopulver weglassen und stattdessen nur Kakaobutter (also das aus der Kakaobohne gepresste Fett) verwenden.

Vollmilchschokolade setzt sich dagegen aus rund 30 Prozent Kakaopulver, 15 Prozent Kakaobutter, 35 Prozent Zucker und 20 Prozent Milchpulver zusammen. Wegen des hohen Zucker- und Milchanteils und des geringen Kakaoanteils schmeckt Milch-, Vollmilch- oder Sahneschokolade sehr süß.

Herbkräftige Bitterschokolade enthält vor allem Kakaopulver (mindestens 60 Prozent) und Zucker (40 Prozent). Kakaobutter und Milchpulver kommen bei der Produktion gar nicht zum Einsatz.

In Zartbitterschokolade ist etwas weniger Kakaopulver (55 Prozent), dafür aber ein geringer Anteil an Kakaobutter (fünf Prozent) zugesetzt. Der Zuckeranteil liegt ein wenig höher (45 Prozent). Milchpulver ist ebenfalls nicht enthalten.

Wie kommt der Rum in die Kugel?

Schon mal eine Rumkugel langsam im Mund zergehen lassen? Zuerst schmilzt die dicke Schokoladenschicht, dann kitzeln Kokosraspeln die Geschmacksnerven, darunter wartet noch eine Schoko-Schicht – und zuletzt ein hauchdünner Zuckerkörper, der schon bei leichtem Druck der Zunge nachgibt und ein Tröpfchen Hochprozentiges freisetzt. Aber wie kommt dieser letzte Kick in die kugelrunde Köstlichkeit?

Der Produktionsprozess einer Rumkugel verläuft natürlich genau umgekehrt wie der genüssliche Verzehr des traditionsreichen Naschwerks – nämlich vom inneren Kern zur äußeren Hülle. Konkret: Die Rumkugel ist erst einmal eckig. Zu Beginn der Herstellung werden so genannte Holzkarrees (das sind 120 mal 50 Zentimeter große Formen) mit Maisstärke gefüllt, in die maschinell »Grübchen« – also kleine Hohlräume – hineingedrückt werden. Diese Grübchen beträufelt der Süßwarenhersteller mit einer Rum-Zucker-Lösung und überstreut sie anschließend dick mit Maisstärke. Während einer viertägigen Lagerzeit kristallisiert der Zucker als hauchdünne Randkruste in den Grübchen aus, im Inneren bleibt der Alkohol zurück.

Dann wird die Maisstärke abgesaugt und zum Vorschein kommen viele kleine, zerbrechliche Zuckerkörper, die »aussehen wie einseitig eingedrückte Kügelchen«, erklärt Wolfgang Gansterer von den österreichischen Manner-Werken, die jeden Tag bis zu 15 Tonnen Rumkugeln in alle Welt liefern. Erst beim Dragieren, also beim Umhüllen des Kerns mit Schokolade, bekommen die Süßwaren ihre runde Form. »Aus zirka zweieinhalb Tonnen dieser Zuckerkörper täglich werden zunächst fünf Tonnen nach dem ersten Schokoladenüberzug und schließlich im dreischichtigen Dragiervorgang 15 Tonnen Endprodukt«, so Gansterer weiter. Einzelne Verfahrensschritte sowie die genaue Rezeptur der Rumkugeln sind selbstverständlich ein wohl gehütetes Firmengeheimnis.

Wer ist »Otto Normalverbraucher«?

Niemand Geringerer als der Schauspieler Gerd Fröbe.

1948 spielte der spätere James-Bond-Bösewicht *(Goldfinger)* die Hauptrolle in der Nachkriegssatire *Berliner Ballade.*

Inhalt: »Otto Normalverbraucher« alias Gerd Fröbe kehrt aus der Kriegsgefangenschaft heim und findet seine Heimatstadt Berlin als Trümmerhaufen vor. Äußerlich erscheint er wie der typische irritierte und ausgemergelte Nachkriegsdeutsche, doch trotz Not und Weltuntergangsstimmung entwickelt »Otto Normalverbraucher« neuen Lebensmut.

Und seither heißt der Durchschnittsdeutsche »Otto Normalverbraucher«.

Was ist der Unterschied zwischen Obst und Gemüse?

Rhabarber zum Beispiel. Gemüse? Oder Obst?

Schwierig.

Die Wissenschaft sagt: Obst sind »die essbaren, meist saftreichen, fleischigen Früchte und Samenkerne von Kultursorten hauptsächlich mehrjähriger Obstgehölze«.

Als Gemüse dagegen werden »die roh oder nach besonderer Zubereitung genießbaren Teile meist einjähriger Pflanzen« bezeichnet.

Obst sind also die Früchte mehrjähriger Pflanzen.

Gemüse sind beliebige essbare Pflanzenteile einjähriger Pflanzen und muss jedes Jahr neu gepflanzt werden.

Aber: Rhabarber, um bei unserem Beispiel zu bleiben, ist mehrjährig und gilt trotzdem als Gemüse, genauer gesagt als Stilgemüse.

Erdbeeren wiederum sind Obst – aber sie wachsen nicht an Gehölzen, wie die oben genannte Definition es verlangt.

Offenkundig stellen die Bezeichnungen »Obst« und »Gemüse« mehr oder weniger willkürliche Kategorien zur Einteilung pflanzlicher Nahrungsmittel dar.

Streng botanisch betrachtet gibt es noch einen weiteren feinen Unterschied: Obst wächst aus der Blüte einer Pflanze, während Gemüse auch aus allen anderen Pflanzenteilen hervorgeht, wie etwa aus der Wurzel, der Knolle, den Blättern oder dem Stiel.

Aha.

Demnach sind Tomaten und Zucchini also Obst? Vielleicht sagen wir einfach so: Obst schmeckt prima, Gemüse auch – und beides ist gesund.

Woran erkennt man eine reife Melone?

Ephraim Kishon hat eine Satire darüber geschrieben – über seine verzweifelten Versuche, auf dem Markt durch gekonntes Klopfen und Horchen eine reife Melone zu identifizieren.

Geklappt hat es nicht, obwohl das Geräusch einer reifen Melone ein deutlich hörbares, volles, tiefes »Plopp« sein soll. Dies zeigt an, dass die Melone einen hohen Wassergehalt erreicht hat und zum sofortigen Verzehr bereit ist. Klopft man zu früh an, klinge es aus dem Inneren eher nichts sagend und hohl.

Wer sich nicht auf seine Ohren verlassen will, dem bleiben allerdings noch andere Möglichkeiten der Reifeprüfung, empfiehlt das Lebensmittelportal: Reife Melonen duften intensiv aromatisch, unreife riechen eher neutral. Melonen geben außerdem am Blütenansatz bei Druck leicht nach, wenn sie reif sind. Eine Wassermelone sollte im Übrigen möglichst nicht gleichmäßig gefärbt sein, sondern eine sehr viel hellere Unterseite (auf der sie bis zur Ernte gelegen hat) aufweisen.

Ist dies nicht der Fall, wurde die Melone unreif geerntet und wird wahrscheinlich nicht sehr aromatisch schmecken. Dann hilft vielleicht ein altes Hausmittel, um dem Aroma auf die Sprünge zu helfen: Streuen Sie etwas (!) Salz auf die Frucht. Das bringt die Süße der Frucht mehr zur Geltung.

Warum schmecken Meeresfische nicht salzig?

Seefisch macht 67 Prozent des weltweiten Fischereiertrags aus. Seefische leben im Meer, haben Salzwasser um sich.

Dennoch sind Kabeljau, Schellfisch, Hering, Makrele, Rotbarsch, Seelachs und Co. nicht nur genießbar, sondern durchaus schmackhaft.

Wie kommt das?

Meerwasser hat einen durchschnittlichen Salzgehalt von 3,5 Prozent. Das heißt: Lässt man einen Liter Meerwasser verdunsten, bleiben etwa 35 Gramm Mineralsalze zurück – überwiegend Kochsalz (Natriumchlorid), aber auch Magnesiumchlorid, Bittersalz (Magnesiumsulfat) und Gips (Kalziumsulfat).

Wie alle Tiere müssen auch Fische ihren Flüssigkeits- und Salzhaushalt regulieren. Seefische halten eine Konzentration von etwa neun Gramm Salz im Blutkreislauf und 300 Milligramm in den Körperzellen aufrecht. Der Rest der 35 Gramm Salz pro Liter Wasser wird ausgeschieden.

Da es keine Fischblutwurst gibt, sondern wir nur das Fleisch essen, haben wir es also mit besagten 300 Milligramm Salz zu tun. Das entspricht zwar nahezu exakt der so genannten Schwellenkonzentration, ab der wir Salz schmecken können; allerdings gilt dieser Grenzwert nur für Kochsalz. Und weil sich der Salzgehalt eines Seefischs aus verschiedenen Mineralsalzen – mit jeweils leicht unterschiedlichen »Geschmacksrichtungen« – zusammensetzt, empfinden wir diese Mischung zumeist noch nicht als salzig.

Was genau ist »Leberkäse«?

Der Klassiker der bayerischen Küche besteht aus fein gehacktem Schweine- und Rindfleisch.

»Leber« ist in diesem Fall eine sprachliche Abwandlung von »Laib« (ähnlich wie beim »Lebkuchen«), und das Wort »Käse« bezeichnet allgemein eine kompakte Masse. Ein Leberkäse ist also ein »Laib aus kompakter Masse«, kein Käse aus Leber.

Wieso gibt es weiße und braune Eier?

Haushühner gibt es seit etwa 8000 Jahren.

Vorher lebten Hühner wild – und legten braune Eier. Dabei handelte es sich um eine klassische Tarnfarbe, denn das Gelege sollte von Fressfeinden nicht gesehen werden.

Bestimmte Stoffwechselprodukte (vor allem der Farbstoff Melanin und Pigmente aus dem roten Blutfarbstoff) färbten die Eier braun, indem die Schale noch im Körper des Huhns mit einer Schleimschicht aus diesen Substanzen überzogen wurde.

Als das Wildhuhn schließlich zum Haushuhn wurde, trat bei einigen Rassen mit der Zeit eine genetische Mutation auf: Die Melaninschleimschicht haftete nicht mehr auf der Kalkschale und die Eier blieben fortan weiß. Da für Haushühner die Tarnung der Eier keine Rolle spielt, bestand kein Anpassungsdruck mehr, der in freier Natur die Verbreitung weißer Eier verhindert hätte.

Heute gibt es weltweit Hunderte von verschiedenen Hühnerarten und die Eierfarben reichen vom reinsten Weiß bis zu dunklem Braun.

Es gibt sogar Hühnerarten, deren Eier grünlich gefärbt sind. Diese Eier stammen von den südamerikanischen »Araucana«-Hühnern. Die grüne oder besser türkisgrüne Eifarbe beruht auf einer Mutation, die wahrscheinlich durch Inzucht entstanden ist. Im Gegensatz zu den braunen Eiern ist bei den grünen auch die Innenschale gefärbt. Das liegt daran, dass ein Gallenstoff namens Billividrin in den Legedarm der Araucanas gerät und deshalb die ganze Eischale grün färbt.

Wieso lassen sich viele Verpackungen so schwer öffnen?

Bei Blödelbarde Mike Krüger klingt das witzig, wenn er singt:

»Ich konnte grade lesen, da kam ich auch schon drauf: Fast alles ist heut eingepackt, man kriegt es sehr schlecht auf; jetzt steh ich hier am Würstchenstand und schwitze, weil ich kämpf mit einer kleinen Tube – drin ist Senf.«

Das kennt jeder – nur geht es im richtigen Leben noch um einiges härter zu:

Da reißt man sich den Fingernagel ein, weil die Videokassette partout nicht aus ihrer Folie will. Die Spaghetti formieren sich auf dem Fußboden zu einem Mikadospiel, kaum dass man sie einen Tick zu heftig aus dem dünnen Plastikbeutel befreit. Und der Ketchup aus der Flasche färbt neben den Pommes auch noch Hemd und Hose rot.

Im Refrain von Mike Krügers »Der Nippel« geht es dann so weiter:

»Sie müssen nur den Nippel durch die Lasche zieh'n, und mit der kleinen Kurbel ganz nach oben dreh'n, da erscheint sofort ein Pfeil, und da drücken Sie dann drauf – und schon geht die Tube auf.«

Wenn das so einfach wäre …

»Für jedes Produkt müssen Chemiker und Ingenieure immer wieder verschiedene Anforderungen in Übereinstimmung bringen«, hat das WDR-Wissenschaftsmagazin »Quarks & Co.« in Erfahrung gebracht:

»Der Hersteller verlangt, dass die Verpackung – je nach

Produkt – luft- und wasserdicht ist, eine Barriere gegen Kohlendioxid und Geruch bildet und die Ware vor Licht schützt, denn alle diese Faktoren können die Lagerfähigkeit und die Qualität beeinträchtigen. (...) Spediteure und Handel verlangen vor allem Stabilität: Auf dem Weg in den Laden darf die Packung natürlich nicht aufplatzen, sie muss leicht und stapelbar sein – und außerdem auch gut zu bedrucken, damit der Kunde das Produkt auch wieder erkennt. (...) Beim Endergebnis hilft nur eins: testen, testen, testen: Halten die Folien den Druck und die Temperatur aus? Geben sie kein Aroma an den Inhalt ab? Läuft nichts aus? Kommt kein Wasser rein? Die Tüte soll luftdicht und dehnbar sein und muss auch mal einen Sturz aushalten.«

Schwierig, zugegeben. Aber nicht unmöglich.

Betrachten wir eine schlichte Erdnuss: Ihre Schale ist robust und trotzdem extrem leicht, sie lässt sich einfach öffnen und ist außerdem noch voll kompostierbar.

Verpackungstechniker sind denn auch zunehmend bestrebt, verbraucherfreundliche Innovationen hervorzubringen – oder sich von der Natur abzuschauen. Das Zauberwort heißt »Convenience«, darunter versteht man das Zusammenspiel von einfacher Handhabbarkeit und höchstem Komfort.

Eine künftige Convenience-Eigenschaft soll zum Beispiel das Sprechen sein: Mit Hilfe eines Datenstreifens wollen Ingenieure Sprache und Musik auf Verpackungen aufbringen, um den Käufern so Informationen über das Produkt zu Gehör zu bringen.

Ob Verpackungen dadurch leichter zu öffnen sein werden, bleibt nicht abzuwarten. Dafür spielt dann die Ketchupflasche Mike Krügers »Sie müssen nur den Nippel durch die Lasche zieh'n ...« ab.

Oder so.

Bei der Grillparty

Wieso löschen warme Getränke den Durst besser als kalte?

Ganz so stimmt das nicht.

Gekühltes Mineralwasser ist an heißen Tagen um einiges verlockender als warmer Tee – und eignet sich genauso für den Ausgleich des Flüssigkeitshaushaltes. Nur eiskalt sollte der Sommerdrink nicht sein. Das löscht zwar im ersten Moment den Durst; dann aber produziert der Körper Wärme, um das kalte Nass im Magen auf Körpertemperatur zu bringen. Und schon bricht der Schweiß wieder aus allen Poren.

Wieso gibt es vierblättrige Kleeblätter?

Seit wann und warum ein vierblättriges Kleeblatt als Glücksbringer betrachtet wird, weiß man nicht genau. Möglicherweise, weil es so selten vorkommt oder einen so vitalen, lebensprallen Eindruck macht.

Wie ein Kleeblatt mit vier statt drei Blättern entsteht, ist dagegen klar: entweder durch Stress (zu viel ultraviolettes Licht, Wärme oder Kälte) oder durch einen genetischen Fehler im Wachstumspunkt der Pflanze, dem Trieb. In diesem Fall kann Klee sogar bis zu zwölf Blätter treiben.

Lassen sich Steaks »blutig« braten?

Nein. In einem Steak ist fast gar kein Blut enthalten, da ein geschlachtetes Tier ausblutet. Die rote Farbe kommt von dem eisenhaltigen Protein Myoglobin, das ein kurz gebratenes Steak und seinen austretenden Fleischsaft blutig aussehen lässt.

Warum soll man nach dem Genuss von Obst kein Wasser trinken?

Wohl jedes Kind ist schon einmal von besorgten Eltern oder Großeltern gewarnt worden: Nach den Pflaumen/Birnen/Äpfeln etc. nichts trinken – sonst gibt's Bauchweh und Durchfall.

Stimmt nicht mehr, sagt die Bundesforschungsanstalt für Ernährung.

Früher tummelten sich in unserem Trinkwasser alle möglichen Keime, die die Früchte im Magen zum Gären bringen konnten. Heute jedoch ist Trinkwasser wirklich trinkbar, Obst und Wasser sind folglich ein durchaus verträgliches Paar.

Was haben »Hamburger« mit Hamburg zu tun?

Die gegrillten Snacks haben ihren Namen tatsächlich von der deutschen Hansestadt – und nicht etwa vom englischen Wort »ham« = Schinken, wie oft vermutet wird. Schon im Mittelalter liebten die Matrosen und Arbeiter im Hamburger Elbhafen »Fastfood«, also schnelle Mahlzeiten zwischendurch. Dazu brieten sie rohes, gewürztes Hackfleisch in Fett an. Die Idee dazu brachten die weit gereisten Seeleute angeblich aus Russland mit. Genauer gesagt: von den Tartaren, die erbeutetes Rindfleisch unter ihre Sättel legten und es weich ritten, anschließend klein hackten und roh verspeisten.

Deutsche Auswanderer brachten die gebratene Frikadelle

schließlich von Hamburg nach Amerika, wo sie 1904 auf der Weltausstellung in St. Louis erstmals in einem Brötchen und mit Senf und Zwiebeln serviert wurde. Den ersten Hamburgerstand soll es 1921 in Kansas gegeben haben. Drei Jahrzehnte später kaufte der Amerikaner Ray Kroc den Brüdern Richard und Maurice McDonald ein neuartiges Restaurantkonzept ab und eröffnete am 15. April 1955 in Illinois den ersten »McDonald's«. Hamburger kosteten 15 Cent, Fritten (»Fried«) zehn Cent. Krocs Umsatz am ersten Arbeitstag: 366,12 Dollar.

Der Rest ist Geschichte.

Wieso sind verkohlte Stellen am Grillfleisch gefährlich?

Grillen ist ein rundum gesundes, nährstoffschonendes, fettarmes Openair-Vergnügen. Horrormeldungen über die Krebsgefahr beim Grillen brauchen niemandem den leckeren Sommerspaß zu verdrießen.

Richtig ist: Immer dann, wenn organisches Material unvollständig verbrennt, entstehen krebserregende Substanzen wie Nitrosamine oder Kohlenwasserstoffe – beim Rauchen, beim Heizen eines Ofens, beim Autofahren ebenso wie beim starken Erhitzen von Lebensmitteln oder eben beim Grillen.

Deshalb sollte Angebranntes großzügig weggeschnitten werden. Ebenfalls zu vermeiden: Fett oder Fleischsaft ständig in die Glut tropfen zu lassen. Auch dabei bilden sich Schadstoffe, die mit dem Rauch aufsteigen und sich im Grillgut sammeln. Allerdings verursacht ein schwarzes Würstchen allein noch keinen Krebs.

Wer auf Nummer Sicher gehen will:

- Kohlen mindestens 30 bis 45 Minuten lang durchglühen lassen, bis sie mit einer weißen Schicht bedeckt sind. Denn vorher dünsten sie polyzyklische aromatische Kohlenwasserstoffe (PAK) aus.
- Kein Fett in die Glut tropfen lassen, Grillgut abschirmen, z. B. mit Grillpfannen, Alufolie, speziellen Bio-Grill-Aufsätzen etc.
- Nichts Angebranntes essen.
- Keine gepökelten Fleischwaren wie Kassler, Wiener, Bockwurst oder Schinkenspeck grillen. Die enthaltenen Pökelsalze können unter Wärmezufuhr krebserregende Nitrosamine bilden.
- Nur Holzkohle verwenden, alles andere kann giftige Dämpfe freisetzen (z. B. bemaltes Holz, Altpapier).
- Lieber Fisch, Gemüse, Obst als Fleisch grillen.
- Fettarme Fleischsorten und Soßen beugen Sodbrennen bei Magenempfindlichen vor.
- Reichlich Beilagen wie Brot und Salate bereitstellen. Das mindert den Fleischkonsum.

Woher hat das Sandwich seinen Namen?

Formulieren wir die Frage anders: Was macht ein besessener Kartenspieler, der nicht einmal zum Essen sein Blatt aus der Hand legen will? Er lässt sich kaltes Roastbeef zwischen zwei schräg halbierte Weißbrotscheiben klemmen, sodass er das frugale Mahl mit der linken Hand zum Mund führen kann, während er mit der rechten souverän die Karten hält.

So einer soll Sir John Montague gewesen sein, der vierte Earl von Sandwich (1718–1792), der es zum Admiral und später zum britischen Außen- und Kriegsminister brachte.

Nachdem er allerdings in diesen Professionen nicht gerade geglänzt hatte, verewigte er sich am Spieltisch im Londoner Hellfire-Club. Nicht unbedingt als erfolgreicher Zocker – aber als Erfinder des Sandwichs, denn die Idee des Lords wurde stetig weiterentwickelt: Durch eine Vielzahl von Füllungen wie Käse, Geflügel, Fleisch, Fisch und Gemüse und allen daraus denkbaren Kombinationen mit verschiedenen Brotsorten entstand eine neue, bunte Stullenkultur.

Was ist der Altweibersommer?

So wird die Schönwetterperiode um den Herbstanfang genannt. Durch die beträchtlichen Temperaturunterschiede zwischen Tag und Nacht bildet sich oft Tau, der sich gut sichtbar auch auf Spinnennetzen absetzt. Das erinnert an alte Frauen am Spinnrad in vergangenen Jahrhunderten. Daher der Name.

Wird Weizenbier aus Weizen gemacht?

Nach dem Reinheitsgebot von 1516 darf Bier nur Gerstenmalz, Hopfen, Hefe und Wasser enthalten. Ausnahme: so genanntes obergäriges Bier, für das auch Weizen zugelassen ist. Weizenbier ist ein obergäriges Bier, das zu 50 bis 70 Prozent aus Weizenmalz hergestellt wird. Obergärig heißt: Bei der Gärung setzen sich die Hefezellen in einer Schicht auf der Bieroberfläche ab (untergärig: die Hefe setzt sich am Boden des Gärgefäßes ab). Weil Hefeweizen noch Hefeteilchen enthält, ist es trübe, Kristallweizen wird filtriert und ist klar.

Das beliebte Sommergetränk hat übrigens eine recht bewegte Geschichte: 1567 verbot das bayerische Herrscherhaus das Brauen von Weizenbier. Es sei nämlich »ein unnützes Getränk, das weder führe noch nähre, noch Kraft und

Macht gäbe, sondern nur zum Trinken reize«. Vordergründig ging es wohl darum, den kostbaren Weizen hauptsächlich fürs Brotbacken zu verwenden. Aber auch Geschäftemacherei war im Spiel, denn die Produktion von Weizenbier war von nun an wirtschaftlich nutzbares Hoheitsrecht.

Im berühmten Weisse Bräuhaus in München ließ Herzog Maximilian I. (der spätere Kurfürst) das Weizenbier selber brauen und verkaufen – und fuhr damit unverzichtbare Gewinne für seinen Hofstaat ein. Erst Mitte des 18. Jahrhunderts, als das Getränk vorübergehend aus der Mode kam und als Einnahmequelle nichts mehr hergab, erhielten wieder alle Brauer im Land das Recht, Weizenbier anzubieten.

Bleibt die Frage: Weizen- oder Weißbier? Ursprünglich sollte der Begriff »Weißbier« nur die hellen Biere (nach Pilsener Brauart) von den Dunkelbieren unterscheiden. Ein »Weißbier« war also nicht unbedingt ein Weizenbier, sondern konnte auch aus Gerstenmalz gebraut sein. Mittlerweile sind Weißbier und Weizenbier identisch. Erstens weil Gerstenbiere heute sprachlich einfach in »hell« und »dunkel« unterteilt werden.

Und zweitens weil sich bei der Weizenbiergärung (obergärig) auf dem Bier ein dicker Schaum bildet. Diese weißen Hauben aus Hefezellen haben in erster Linie die Bezeichnung »Weißbier« für ein Weizenbier konserviert.

Warum ist in alkoholfreiem Bier noch Alkohol?

Alkoholfrei bedeutet nicht null Prozent Alkohol. Beim so genannten alkoholfreien Bier sind per Gesetz bis zu 0,5 Prozent Alkohol erlaubt. Zehn Gläser alkoholfreies Bier mit 0,5 Prozent Alkohol enthalten also so viel Alkohol wie ein Glas alkoholhaltiges Bier mit 5 Prozent Alkohol.

Wieso?

Um den Alkoholgehalt so weit wie möglich zu reduzieren, haben Brauer zwei unterschiedliche Verfahren entwickelt: Entweder wird die Bildung von Alkohol während des Gärprozesses eingedämmt, das heißt: Der Gärprozess wird verfrüht abgebrochen, sodass die Hefe nicht den gesamten Zucker in Alkohol umsetzt.

Oder: Der Alkohol wird dem Bier nach dem Brauen durch Verdampfen wieder entzogen.

Wie auch immer: Ein winziger Rest Alkohol bleibt auch im alkoholfreien Bier enthalten – was durchaus erwünscht ist: und zwar zur geschmacklichen Abrundung.

Wieso heißt es in der Werbung: »Das König der Biere«?

Kaum zu glauben: Die Universität Siegen hat eine offizielle Fortbildungsveranstaltung unter dem Titel »Das König der Biere« veranstaltet, um erklärtermaßen »auf den öffentlichen Umgang mit grammatischen Regeln aufmerksam zu machen«.

Damit hat die Brauerei König wohl ihr Ziel erreicht: nämlich Aufmerksamkeit zu erregen. So wie es anderen Unternehmen mit Slogans wie »Hier werden Sie geholfen« oder »Deutschlands meiste Kreditkarte« gelungen ist – auch wenn Sprachwissenschaftler das genervt als »Dummdeutsch« abtun.

Dabei ist »das König der Biere« nicht einmal direkt falsch. Schließlich bezieht sich »König« auf die Marke und nicht auf eine Person, ist also ein Eigenname. Korrekt könnte man auch sagen: »Das König Pilsener der Biere«. Oder in einer Gaststätte verlangen: »Geben Sie mir ein König.«

Kann man sich nur am Bierschaum betrinken?

Mit einem »leichten Leichtbier« könnte man den Schaum nach Einschätzung des Deutschen Brauer-Bundes vergleichen.

Wieso? Beim Einschenken des Gerstensaftes wird Kohlensäure freigesetzt. Sie reißt Bierflüssigkeit mit an die Oberfläche, und so bildet sich reichlich Schaum, der je nach Konsistenz des Bieres aus mehr oder weniger kleinen Bläschen besteht. Die im Bier enthaltenen Substanzen unterteilen sich in »schaumpositiv« und »schaumnegativ«. Schaumpositive Inhaltsstoffe reichern sich im Schaum an; dazu gehören zum Beispiel Polypetide und Metallionen.

Fette, Aminosäuren und eben Alkohol (Ethanol) sind schaumnegativ. Daher ist im Schaum viel weniger Alkohol als in der Flüssigkeit.

Angenommen, jemand würde den Schaum abschöpfen, wieder flüssig werden lassen und sammeln – dann könnten etwa drei Liter des aus Schaum gewonnenen Bieres für einen Schwips reichen.

Warum sagt man eigentlich: »Das schlägt dem Fass den Boden aus«?

Bier war im Mittelalter eines der Hauptlebensmittel, da es nahrhaft ist und keine Krankheitskeime enthält. In vielen Städten gab es schon vor dem Reinheitsgebot von 1516 Vorschriften, die die Qualität des Bieres sicherstellen sollten. War das Bier eines Brauers nicht mehr ganz frisch, so musste es oft kostenlos an die Armen abgegeben werden. Verkaufte ein Brauer jedoch verdorbenes Bier, so wurde der Boden der Fässer aufgeschlagen – und somit nicht nur der Inhalt verschüttet, sondern auch das Fass unbrauchbar gemacht.

Für den betroffenen Brauer war das eine harte Bestrafung, die seine Lebensgrundlage zerstören konnte, denn neue Fässer waren teuer. Und so sagt man heute noch: »Das schlägt dem Fass den Boden aus«, wenn jemand etwas völlig Unakzeptables tut, das man nicht hinnehmen kann.

Was zieht Stechmücken an?

»Süßes Blut«, wie einige besonders geplagte Zeitgenossen wähnen, ist es jedenfalls nicht. Stechmücken und andere Fluginsekten orientieren sich von weitem an Farben – dunkle Kleidung lockt sie stärker an als helle.

Aus der Nähe wählen Insekten ihr Opfer der Nase nach: Wer besonders stark Milchsäure, Ammoniak, Buttersäure (im Hautschweiß), Kohlendioxid (im Atem) oder cholesterinspiegelsenkende Medikamente ausdünstet, wird am ehesten gestochen. Möglicherweise fliegen die Plagegeister auch auf Kosmetika, auf eine bestimmte Umgebungstemperatur sowie auf Licht. Als Stichstelle suchen sie sich stets einen Körperteil aus, der besonders gut durchblutet und möglichst wenig behaart ist.

Kurios: Nur die weiblichen Mücken stechen, weil sie die Blutmahlzeit als Eiweißquelle für die Entwicklung ihrer Eier brauchen. Männchen dagegen sind harmlose Vegetarier, die sich von Blütennektar ernähren.

Wieso sterben Bienen nach dem Stechen?

Anders als Wespen sterben Bienen, wenn sie einen Menschen gestochen haben. Denn ihr Stachel bleibt in der Haut stecken, und die beim Abreißen entstehende Wunde ist für die kleinen Brummer tödlich.

Normalerweise setzen Bienen sich nur gegen andere Insekten zur Wehr, und zwar gegen solche mit einem Chitinpanzer, aus dem sie ihren Stachel unverletzt herausziehen können.

Warum haben die Monate Juli und August 31 Tage?

Der August wurde zu Ehren des römischen Kaisers Augustus so benannt. Diesen wurmte es aber, dass »sein« Monat einen Tag weniger hatte als der Vormonat, der Julius Cäsar gewidmet ist. Also fügte Kaiser Augustus dem August einen Tag hinzu, den er dem Februar wegnahm. Mit dem Februar konnte er es machen, denn nur ein unbedeutender altitalienischer Gott der Unterwelt soll »Februus« geheißen haben.

Ausschlaggebend für den Monatsnamen »Februar« war indes das lateinische Wort »februarius«, was so viel wie »reinigen« bedeutet. In der zweiten Hälfte dieses Reinigungsmonats fanden in Rom Reinigungs- und Sühneopfer für die Lebenden und Verstorbenen statt.

Wieso können manche Menschen über glühende Kohlen gehen?

Wer sich schon einmal an einem Funken oder einem Splitter Kohle verbrannt hat oder auch nur die Wärme des Feuers vom Gartengrill kennt, fragt sich zu Recht, wie »Feuerläufe« möglich sind. Nicht nur indische Fakire laufen barfuß über glühende Kohlen – auch bei vielen Motivationsseminaren und »Outdoor«-Trainings hierzulande gehört das Ritual dazu.

Was ist die Voraussetzung dafür? Besondere Willensstärke? Ein höheres Bewusstsein?

Nein, alles nicht, sondern lediglich ein wenig Selbstüberwindung.

Erinnern wir uns an den Physikunterricht: Bekanntlich gibt es gute und schlechte Wärmeleiter. Metall ist ein guter Wärmeleiter, Holz und Kohle sind eher schlechte. Wenn man in einen 200 Grad Celsius heißen Backofen fasst, dann sind dort zwar alle Dinge 200 Grad Celsius heiß, aber dieselbe Temperatur fühlt sich unterschiedlich an – je nachdem ob man nur die Luft, den Kuchen (aus Teig) oder das Backblech (aus Metall) berührt.

Kohlen sind schlechte Wärmeleiter: Man müsste schon kurz auf ihnen stehen bleiben, bis man sie als heiß empfindet. Niemand bleibt aber auf den Kohlen stehen, sondern »Feuerläufer« gehen mehr oder minder eilig darüber hinweg. Insgesamt beläuft sich die gesamte Zeit, in der sich die Füße bei einem typischen Feuerlauf tatsächlich auf den Kohlen befinden, auf weniger als eine Sekunde.

Zudem sind die Kohlen meistens schon mit einer dünnen Ascheschicht überzogen, was sie zu noch schlechteren Wärmeleitern macht. Menschliches Gewebe ist zwar ein etwas besserer Wärmeleiter, jedoch transportiert das Blut – ein guter Wärmeleiter – die Hitze auch schnell wieder von der Haut weg. Hinzu kommt der so genannte Leidenfrost-Effekt: Wegen der erwartungsvollen inneren Anspannung vor einem Feuerlauf sind die Füße in der Regel mit einer dünnen Schweißschicht bedeckt. Diese Schicht verdunstet beim Kontakt mit der Kohle, und der entstehende Dampf ist wiederum ein sehr guter Wärmeisolator.

Der Leidenfrost-Effekt ist übrigens auch der Grund, warum wir auf heiße Nahrung blasen: Nicht etwa weil unsere Atemluft z. B. die Suppe wirklich kühlt – sondern um den

Dampf von der Oberfläche wegzublasen, sodass dessen wärmeisolierende Wirkung wegfällt.

Einige Wissenschaftler behaupten sogar, es bräuchte nicht einmal den Leidenfrost-Effekt für das Feuerlaufen; die geringe Wärmeleitfähigkeit der (Holz-)Kohle und der meist nur sehr kurze Kontakt zur Haut reichten völlig aus. Würden die Feuerläufer stattdessen in eine heiße Bratpfanne oder auf eine Metallplatte treten, könnte auch ein tagelanges »mentales« Vorbereitungsseminar sie nicht vor schwersten Verbrennungen bewahren.

Woher kommen die Steine im Garten?

Wie man sich denken kann: aus dem Boden.

Und das ganz ohne menschliches Zutun. Unsere Böden bestehen ungefähr zur Hälfte aus Hohlräumen, die entweder mit Luft oder Wasser gefüllt sind. Im Winter gefriert das Wasser und dehnt sich aus – durch diese »Frosthebung« werden die Steine nach oben gedrückt. Dazu kommt: Wenn das gefrorene Wasser wieder taut, rieseln Sand und Erde in die Hohlräume, sodass die Steine nicht wieder in ihre ursprüngliche Position zurücksinken können.

Über mehrere Frost-Tau-Zyklen gelangen so immer mehr und immer größere Steine an die Oberfläche.

Wie aber kommen die Steine in den Boden?

Stellen wir uns einen großen, offen liegenden Felsen vor. Im Laufe von vielen Jahrhunderten bringen Kälte und Wasser den Koloss zum Bröckeln. Bakterien blasen zum chemischen Angriff auf das Gestein. Mikroorganismen wie Spinnen und Insekten besiedeln die Bruchstücke, der Wind trägt Moose und Flechten, Gräser und Blütenpflanzen heran, später fassen Laub- und Nadelbäume Wurzeln. Das

Ausgangsgestein verwittert, organisches Material häuft sich an. Nach und nach verwandelt sich die leblose Steinwüste in eine bewachsene Bodenfläche.

Und irgendwann, nach langen geologischen Zeiträumen, tauchen die Steine wieder an der Oberfläche auf.

Sehr zum Leidwesen von Landwirten und Hobbygärtnern.

Warum ist der Himmel blau?

Angenommen, die Erde hätte keine Atmosphäre – dann wäre der Himmel tiefschwarz wie auf dem Mond: eine gespenstische Vorstellung.

Das von der Sonne ausgehende Licht würde nicht an unser Auge gelangen, weil auf dem Weg zu uns nichts ist, was das Licht zurückwirft. Denn Licht besteht aus elektromagnetischen Wellen, die eigentlich unsichtbar sind. Nur wenn diese Wellen auf etwas treffen und zurückgeworfen werden, können wir den Gegenstand sehen – und auch nur dann, wenn die reflektierten (an einer festen Oberfläche) oder gestreuten (an kleinen Teilchen) Strahlen in unser Auge gelangen.

Das kennen wir aus dem Alltag: Licht wird von spiegelnden Flächen wie Glas oder Metalloberflächen zurückgeworfen, also reflektiert. Im Gegensatz zu dieser »gerichteten« Reflexion (Einfallswinkel ist gleich Ausfallswinkel) erfolgt an rauen Flächen eine so genannte »diffuse« (also ungerichtete) Reflexion, da eine raue Fläche aus vielen kleinen Ebenen besteht, die unterschiedlich angeordnet sind und deshalb in verschiedene Richtungen reflektieren.

Damit sind wir dem Geheimnis des blauen Himmels schon sehr nahe. Sonnenlicht ist nicht blau, sondern enthält das gesamte Farbspektrum: Rot, Orange, Gelb, Grün, Blau und Violett.

Aber: Die Erdatmosphäre bildet aus »rauen Flächen« wie Wasserdampf, Staub und Rauch einen Filter. Treffen Sonnenstrahlen darauf, werden sie abgelenkt (gestreut), breiten sich also ungerichtet nach allen Seiten aus.

Nun kommen zwei Phänomene zusammen: Blaue Lichtwellen werden aufgrund ihrer speziellen physikalischen Beschaffenheit (»kurzwellig«, das heißt, sie haben mehr Energie und sind durchdringender) bis zu 16-mal stärker gestreut als die übrigen Farben. Der blaue Anteil des Sonnenlichts »überflutet« also die ganze Atmosphäre, weil die kurzwelligen, energiereichen Strahlen stärker zwischen Luft- und Wassermolekülen und anderen Partikeln hin und her reflektiert werden.

Außerdem besitzt unser Auge noch eine besonders hohe Empfindlichkeit für blaue Farben. Deshalb erscheint uns der Himmel blau.

Warum niest man manchmal, wenn man in die Sonne schaut?

Niesen – das bedeutet normalerweise, dass ein Reiz in der Nasenschleimhaut zu einem reflexartigen Ausstoß von Luft durch Nase und Mund führt.

Was aber löst den so genannten »photischen« oder Licht-Niesreflex aus, von dem angeblich 20 bis 35 Prozent der Bevölkerung betroffen sind?

Der englische Philosoph Francis Bacon stellte dazu schon im 17. Jahrhundert eine Theorie auf: Das Sonnenlicht ziehe Wasser aus dem Gehirn, was die Augen zum Tränen bringe und zugleich auch den Nasentrakt reize.

Das muss noch nicht einmal völlig falsch sein.

Aber der Reihe nach: Eine allseits akzeptierte Erklärung für das Phänomen gibt es bis heute nicht. Wahrscheinlich kommt es beim »Lichtniesen« zu einer Interaktion zwischen dem Sehnerv (also der Lichtwahrnehmung) und dem 5. Hirnnerv, *nervus trigeminus* genannt. Dieser 5. Hirnnerv hat drei Verzweigungen: einen Augenast, einen Oberkiefer- und einen Unterkieferast. Lichteinfall stimuliert neben dem Sehnerv auch den Augenast des *nervus trigeminus*. Bei einigen Menschen springt dieser Reiz offenbar auch auf den Oberkieferast über, der wiederum eine wichtige Rolle beim »normalen« Niesen spielt.

Eine andere These lehnt sich grob an Francis Bacon an: Jeder weiß, dass Lichtempfindlichkeit verstärkten Tränenfluss auslösen kann – eine Reaktion, die vom parasympathischen Nervensystem gesteuert wird. Denkbar, dass bei einigen Menschen auch die Nasenschleimhaut in diese komplexen Vorgänge mit einbezogen wird.

Aber aus welchem Grund? Ist es ein Zufall, dass die Schutzreflexe der Augen eng mit der Nase verbunden sind?

Vermutlich nicht. Schließlich sollte man es tunlichst unterlassen, direkt in die Sonne zu schauen. Insofern macht der photische Licht-Niesreflex durchaus Sinn: Weil wir beim Niesen automatisch die Augen schließen.

Wieso ist der Wetterbericht so unzuverlässig?

Eigentlich ist es ja ganz einfach: Regen gibt's immer dann, wenn man gerade den Rasen gesprengt hat oder zu einer Grillparty einlädt.

Gehört die Wettervorhersage also eher in den Bereich der Sage als in die Zeitung oder die Nachrichten?

Als Faustregel gilt: Die Wettervorhersage für den nächsten Tag stimmt bis zu 90 Prozent. Für den Folgetag bis zu 70 Prozent. Für den dritten Tag nur noch bis zu 60 Prozent. Grund: Das Wetter »funktioniert« nach den so genannten Chaosgesetzmäßigkeiten. Es lässt sich mathematisch nicht exakt berechnen. Ob ein Gewitter entsteht, hängt mitunter von einem Zehntel Grad Temperaturunterschied in der Schichtung der Luft ab. Wettervorhersagen können daher nur Wahrscheinlichkeitsaussagen sein – auch wenn Meteorologen Wert auf die Feststellung legen, dass die Rechnerleistung der Wetterdienste sich alle fünf Jahre verzehnfache und die Prognosen daher immer besser würden.

»Schnell wie der Blitz« – was heißt das genau?

Kurz gesagt: Ein Blitz könnte in einer Sekunde zweimal um die Erde jagen – denn er erreicht eine Geschwindigkeit von etwa 96 000 Kilometern pro Sekunde.

Sind Handys bei Gewitter gefährlich?

Während eines Gewitters mit dem Handy zu telefonieren ist ungefährlich. Die Wahrscheinlichkeit, vom Blitz getroffen zu werden, erhöht sich dadurch nicht. Allerdings sollten Handybenutzer nach Expertenrat bei Gewitter die Nähe von Metallmasten meiden und das Gerät nicht hoch über den Kopf halten – was beim Telefonieren wohl ohnehin eher hinderlich ist.

Und wie sieht es mit weiteren Blitzmythen aus? Physiker der Universität München haben folgende Empfehlungen zusammengestellt:

- Telefonieren bei Gewitter
  Sofern das Haus durch Erdkabel mit dem ebenfalls unterirdisch verlegten öffentlichen Telefonnetz verbunden und die Telefonanlage an den Potenzialausgleich angeschlossen ist (der alle im Haus verwendeten metallenen – also leitfähigen – Systeme miteinander verbindet), besteht so gut wie keine unmittelbare Gefahr. Gefährdet sind dagegen Fernsprechteilnehmer, wenn das Telefon über eine auf Masten verlegte Zuleitung angeschlossen ist. In solchen Fällen, die insbesondere im Gebirge noch häufig anzutreffen sind, soll bei Gewitter vorsorglich nicht telefoniert und ein begonnenes Gespräch abgebrochen werden.
- Fernsehen bei Gewitter
  Wer ganz auf Nummer Sicher gehen will, sollte den Stecker ziehen. Die normalen Blitzschutzeinrichtungen an modernen Häusern trotzen zwar in der Regel bis zu 2,5 Kilovolt; sehr heftige Gewitter können aber Blitze von einer Stärke bis zu sechs Kilovolt freisetzen. Allerdings kann man sein Heim in jedem Baumarkt zusätzlich mit so genannter dezentraler Elektroinstallation aufrüsten. Das sind spezielle Schutzstecker für jedes Elektrogerät, die immerhin 4,5 Kilovolt abhalten.
- Duschen und Baden bei Gewitter
  Bei Blitzeinschlag kann durchaus ein Teil des Blitzstromes seinen Weg über die metallenen Wasserleitungen suchen. Trotzdem besteht keine Gefahr, wenn das Rohrnetz der Wasserversorgung vorschriftsmäßig an die Erdung des Hauses angeschlossen ist.
- Im oder auf dem Wasser bei Gewitter
  Spätestens beim ersten Donnerschlag sollte man sofort an Land gehen. Zwar werden Menschen selten direkt vom Blitz getroffen. Doch schlägt er ins Wasser ein, kann der

enorme elektrische Strom auch noch einige Meter entfernt einen Menschen verletzen oder töten. Seen und Flüsse sind dabei gefährlicher als das offene Meer, da Meerwasser wegen des Salzgehaltes einen viel niedrigeren elektrischen Widerstand als Süßwasser hat und damit besser ableitet als ein menschlicher Körper. Sogar auf Schiffen sollte man während eines Gewitters nie auf Deck stehen bleiben. In einem Holz- oder Polyesterboot ohne Blitzschutz kann die Ankerkette als provisorischer Blitzschutz verwendet werden, indem man sie um die Takelage wickelt und ins Wasser hängen lässt.

- Auf dem Golfplatz bei Gewitter
Einer der gefährlichsten Orte bei einem Gewitter ist das Golfgelände. In Amerika, wo mehr Golf als in Europa gespielt wird, ereignen sich etwa 20 Prozent aller Blitzunfälle mit verletzten oder getöteten Personen auf Golfplätzen. Der Grund: Ein Golfplatz besteht bei Gewitter fast nur aus risikoreichen Stellen: Die in den »Greens« steckenden Fahnenstangen sind bevorzugte Blitzeinschlagspunkte. Nasse Golfschläger und aufgespannte Regenschirme vergrößern die Wahrscheinlichkeit eines Blitzschlags noch. Deshalb sollte man die Golftasche samt Regenschirm so lange auf den Boden legen, bis das Schlimmste vorbei ist. Schutzhütten aus Holz sind nur sicher, wenn sie mit einer Blitzschutzanlage ausgerüstet sind, was eher selten der Fall ist. Ist keine sichere Schutzhütte vorhanden und sind das Auto, das nächste Haus oder ein Wald zu weit entfernt, bleibt nur übrig, in Hockstellung auf dem Boden zu kauern.

Beim Sommerspaziergang

Wie entsteht Wind?

Kühles Lüftchen, steife Brise … Nicht nur in zahllosen Sommersongs wird das »himmlische Kind« besungen.

Auch bei der Wettervorhersage spielt Gebrauchslyrik wie »schwacher bis mäßiger Wind aus westlichen Richtungen« eine Hauptrolle. Doch wie entsteht Wind überhaupt?

Im Haus ist es am einfachsten zu erklären: Zwischen warmen und kalten Zimmern (zum Beispiel Wohnzimmer/Schlafzimmer) zieht es. Wieso? Weil Warmluft immer dorthin fließt, wo es kälter ist. Und diese Luftströmungen zwischen Orten unterschiedlicher Temperatur heißen Wind.

Ausführlicher: Verschiedene Gebiete der Erde werden von der Sonne unterschiedlich stark erwärmt – und dabei natürlich auch die Luft, die daraufhin nach oben steigt.

Die Folge: Am Boden wird der Luftdruck geringer, weil nun »weniger« Luft da ist, und es kommt zu Luftdruckunterschieden. Zum Ausgleich muss Luft aus kühleren Gebieten nachströmen. Dieser Effekt führt beispielsweise dazu, dass an einem warmen, ansonsten windstillen Sonnentag an der Küste ein leichter Wind von See weht, denn das Meer erwärmt sich langsamer als das Land. Am Abend dreht dieser Seewind seine Richtung, denn nun kühlt das Land schneller aus.

Was den Wind antreibt, sind also Temperaturunterschiede – so wie zwischen Wohn- und Schlafzimmer.

Auch in globalem Maßstab erwärmen sich Gebiete der Erde unterschiedlich stark, und es bildet sich ein Muster von Tiefdruckgebieten und Hochdruckgebieten, wie man es von der Wetterkarte kennt.

Beispielsweise finden sich Tiefdruckgebiete nahe des Äquators, wo die Sonneneinstrahlung stark ist. Doch in diesen großen Maßstäben kann die Luft nicht einfach von den Hochdruckgebieten zu den Tiefdruckgebieten wehen. Wieso nicht? Aufgrund der Erdrotation wird jede Bewegung abgelenkt, auf der Nordhalbkugel nach rechts und auf der Südhalbkugel nach links. Das ist die so genannte Coriolis-Kraft, die von dem französischen Physiker Gaspard Gustav de Coriolis im 19. Jahrhundert entdeckt wurde. Sie hat umso stärkeren Einfluss, je großräumiger die beteiligten Bewegungen sind: Während sie im häuslichen Waschbecken keine Rolle spielt, ist sie in Wettersystemen von mehreren hundert Kilometern Ausdehnung eine überaus dominierende Kraft.

Wegen der Coriolis-Kraft kann die Luft nicht einfach geradlinig von einem Hochdruckgebiet zu einem Tiefdruckgebiet strömen – würde sie dies tun, hätten wir meist nur schwachen Wind, weil die Luftdruckunterschiede gering sind. Stattdessen wird die Luft wegen der Coriolis-Kraft (auf der Nordhalbkugel) beim Zuströmen auf das Tiefdruckgebiet nach rechts abgelenkt und bewegt sich kreisförmig gegen den Uhrzeigersinn um das Tiefdruckgebiet herum, im Wesentlichen entlang der Linien gleichen Luftdrucks (Isobaren), die man auf der Wetterkarte sieht. Je näher die Luftdrucklinien beieinander liegen, desto stärker ist auch der vorherrschende Wind. Dieses Herumströmen führt auch dazu, dass sich Luftdruckunterschiede nicht so schnell ausgleichen können – deshalb bleiben Hochs und Tiefs mehrere Tage oder Wochen bestehen.

Wie schnell ist der Wind?

Die Skala der Windstärken reicht von 0 bis 12. Sie wurde 1806 von Francis Beaufort festgelegt. Bei Stärke 0 ist der Wind unter einem Kilometer pro Stunde langsam. Sturm beginnt bei Stärke 8 und 9 mit einer Geschwindigkeit zwischen 75 und 110 km/h. 12 bedeutet Orkan ab Tempo 120.

Wieso fällt eine Regenwolke nicht vom Himmel?

Eine Regenwolke besteht aus vielen Wassertropfen – müsste man da nicht erwarten, dass die Wolke immer schwerer wird und herunterfällt, statt am Himmel zu schweben? Eigentlich schon – und tatsächlich fallen die Wassertropfen auch *in* einer Wolke ständig, nur die Wolke selbst nicht. Eine paradox klingende, aber wahre Antwort.

Eine Wolke entsteht, wenn feuchte Luft (zum Beispiel verdunstetes Wasser von Gewässern oder feuchten Wiesen) aufsteigt und dabei abkühlt. Dieser unsichtbare Wasserdampf ändert seinen Zustand von gasförmig zu flüssig; er kondensiert also zu kleinen Tröpfchen, die das Licht streuen und so als weiße Wolke erscheinen. Natürlich wirkt auf diese Tröpfchen die Schwerkraft ein und zieht sie nach unten – doch die kleinen Eis- und Wasserpartikel haben eine relativ große Oberfläche, die Reibung an der Luft ist also stark, und deshalb fallen sie nur sehr langsam.

Zunächst sind die Tröpfchen in der Wolke winzig, ihre Fallgeschwindigkeit ist so gering, dass sie auch in ruhiger Luft ohnehin mehrere Stunden brauchen würden, um zu Boden zu fallen. Sie hängen praktisch in der Luft. Das kann man an Nebeltröpfchen direkt sehen, denn Nebel ist nichts anderes als eine Wolke in Bodennähe.

In einer Wolke herrscht außerdem beträchtlicher Aufwind – wegen der warmen Luft, die vom Boden nach oben steigt. Das merkt man zum Beispiel dann, wenn man in einem Flugzeug sitzt und die Maschine in die Wolken kommt und der Flug deutlich unruhiger wird. Gegen diesen Aufwind können die Tröpfchen erst recht nicht nach unten fallen, sondern sie werden eher nach oben getragen.

Doch durch Zusammenstöße von kleinen Tröpfchen und durch weitere Kondensation werden die Wassertröpfchen immer größer. Optisch ist das daran zu erkennen, dass die Wolken grau – also dunkler – werden, denn nun wird das Licht nicht mehr gestreut, sondern absorbiert.

Wenn die Teilchen immer größer werden, erhöht sich ihre Fallgeschwindigkeit, und irgendwann sind sie schnell genug, um auch gegen den Aufwind nach unten zu fallen. Sie sind dann typischerweise 0,5 bis 6 Millimeter groß und nähern sich mit einer Geschwindigkeit von einem bis acht Metern pro Sekunde dem Erdboden – es regnet.

Warum heißt es Ballonfahrt, obwohl ein Ballon doch fliegt?

Als die Brüder Montgolfier 1783 zu ihrem ersten Ballonflug starteten, sprachen sie davon, ins »Luftmeer« zu entschweben. Sie und alle weiteren Aufsteiger übernahmen einen Großteil ihres Vokabulars aus der Seefahrt – deshalb heißt es auch heute noch »Luftfahrt« und nicht etwa Luftflug, »Flughafen«, »Flugkapitän«, »Raumschiff« und »Raumfähre«. Und eben »Ballonfahrt«.

Der Heißluftballon wurde mehr als 100 Jahre vor dem ersten Motorflugzeug erfunden, und zu diesem Zeitpunkt verband man mit dem Begriff »Fliegen« noch nichts außer dem Vogelflug.

Passionierte Ballonfahrer geben noch einen weiteren Grund für die Wortschöpfung »Ballonfahrt« an: nämlich den Wunsch, sich von den (Flugzeug-)Fliegern zu distanzieren. »Die fliegen, wir fahren!«, erklärt ein Sprecher des Deutschen Freiballonsport-Verbands (DFSV) das Selbstverständnis der frühen Pioniere. Und wühlt in der Historie: »Nicht nur, dass die Gasballone damals ausgereifter waren – man fuhr auch gepflegt, meist in Frack und mit Krawatte.« Und diejenigen, die sich hingegen mit Flugzeugen und den damals noch unzuverlässigen Motoren beschäftigten? »Mechaniker im Arbeitsanzug, ölverschmiert.«

Warum singen die Vögel?

Aus Langeweile, wie eine große deutsche Boulevardzeitung ihren Lesern unterjubeln wollte? Mitnichten.

Im »dip-dip-dip«, »zizidä-zizidä« und »trrlit-trrilit« von Blaukehlchen, Kohlmeise, Feldlerche und Co. artikuliert sich ganz normales Balz- und Revierverhalten.

Das erkennt man (mit einem Fernglas) unter anderem daran, dass die Vogelschar keinen gemischten Chor gründet, sondern die einzelnen Sänger alleine und in einiger Entfernung voneinander ihre Botschaft anstimmen. Und die lautet: »Freund, hier bin ich, da hast du nichts verloren, hier werde ich mit meiner zukünftigen Vogelfrau leben.« Das Gezwitscher (meistens sind es die Männchen, die singen) dient also dazu, Weibchen anzulocken und gleichzeitig das Territorium gegen männliche Rivalen abzugrenzen und zu verteidigen.

Auch Hähne krähen durchaus nicht, um uns zu wecken – sondern um ihr Revier zu markieren und die Hennen zu beeindrucken.

In den frühen Morgenstunden erklingt der Gesang am lautesten. Das liegt aber nicht daran, dass die Vögel morgens tatsächlich lauter singen. Vielmehr breitet sich wegen der höheren Luftfeuchtigkeit und der niedrigeren Temperatur am Tagesbeginn der Schall weiter aus als am Abend.

Forscher haben mittlerweile auch herausgefunden, dass unsere gefiederten Freunde mancherorts bereits arge Mühe haben, sich gegen die Geräuschkulisse durchzusetzen, die unsere Zivilisation verursacht. Nach einer Untersuchung der Freien Universität Berlin singen Vögel in der Nähe von stark befahrenen Straßen oder Eisenbahntrassen bis zu 14 Dezibel lauter als ihre Artgenossen in Gebieten mit weniger Lärm.

Dieser Unterschied entspricht einem mehr als fünffachen Anstieg im Schalldruck des Vogelgesangs. Steigerungsfähig ist dieser Wert kaum noch. Wird der Lärmpegel der Großstädte zu laut, können die Tiere ihn durch noch so intensives Singen nicht mehr kompensieren. Und dann passiert das, was dem Philosophen Ernst Bloch schon in seinem Buch *Geist der Utopie* düster schwante: »Wir hören nur uns. Denn wir werden allmählich blind für das Draußen.«

Wieso soll der Storch die Kinder bringen?

Der Storch ist ein echter Paradiesvogel in der Welt der Mythen und Märchen. Mal soll er Feuer abwehren, mal Heilkräfte gegen Gifte besitzen. Dann wiederum kann man krank werden oder Kriege erleben, wenn man einen Storch erblickt.

Fast einhellig jedoch loben alle Völker in ihren Überlieferungen die Liebe dieser Vogelart zur eigenen Brut und ihre Fürsorge. Die Germanen verehrten den Storch sogar als heiligen Vogel, der neues Leben vom Himmel auf die Erde bringt. Seitdem ist er der Kinderbringer.

Was bedeuten die Punkte auf dem Rücken von Marienkäfern?

Nichts. Die auffälligen großen schwarzen »Augen« sind so genannte Warnfarben und dienen wohl einzig der Abschreckung von gefräßigen Feinden.

Ein und dasselbe Tier weist nach dem Schlüpfen aus der Puppe lebenslang dieselbe Anzahl von Punkten auf. Und die schwankt je nach Art zwischen zwei und 22. Weltweit gibt es 4500 Arten von Marienkäfern, in Deutschland etwa 80.

Wieso kündigt Abendrot schönes Wetter an?

Abendrot ist gewissermaßen der umgekehrte Effekt des blauen Himmels (siehe »Grillparty: Warum ist der Himmel blau?«):

Morgens und abends steht die Sonne tief. Das bedeutet, dass der Weg der Sonnenstrahlen durch die Erdatmosphäre sehr lang ist, wegen des flachen Winkels. Dabei wird der kurzwellige Anteil des Sonnenlichts (blau) durch Streuung an Luftmolekülen, Staub- und Dunstteilchen mehr und mehr herausgefiltert, sodass dann zuletzt nur noch der langwellige (und schwächer gestreute) Anteil übrig bleibt – nämlich rot.

Was aber sagt das Abendrot über das Wetter am nächsten Tag?

Zum einen hängt die Intensität des Abendrots von der Zusammensetzung der Atmosphäre ab. Denn »reine« Luft (mit kleinen Partikeln wie Luft- und Wassermolekülen) filtert und entfernt vorwiegend den blauen Anteil des Sonnenlichts, während größere Teilchen (wie Staub oder Wassertröpfchen) alle Farben gleichmäßig streuen.

Eine sehr rot erscheinende Sonne am Abendhimmel deutet auf reine Luft mit wenigen Wassertropfen hin – und somit nicht auf Regen. Die allseits bekannte Regel »Abendrot – Gutwetterbot'« enthält also insofern tatsächlich einen wahren Kern.

Zum anderen zeigt uns ein intensives Abendrot an, dass es keine Wolken im Westen gibt – sonst könnten wir es ja gar nicht sehen. Und zumindest in Europa ist kaum mit der Ankunft einer Regenfront zu rechnen, wenn am Vorabend noch keine Wolken heraufgezogen sind.

Warum sind Eiswürfel kälter als Speiseeis?

Diese Frage hat der Chemiker Dr. Ralf Essmann von der Mainzer Johannes-Gutenberg-Universität in SWR4 Rheinland-Pfalz so beantwortet:

»Ein Eiswürfel ist sehr kompakt, die Oberfläche ist sehr geschlossen. Es sind nur ganz wenige Luftbläschen drin, der Würfel besteht zu 100 Prozent aus Wasser. Wenn ich den in den Mund nehme, habe ich ein starkes Kälteempfinden, weil das Wasser schmilzt und diese Schmelzwärme dann aus meinem Mundbereich entzogen wird.

Beim Speiseeis ist das ein bisschen anders. Das ist zum einen aufgeschäumt durch das Rühren, es kommen Luftbläschen rein, die Oberfläche vergrößert sich. Und zum anderen besteht das Speiseeis nicht zu 100 Prozent aus Wasser, sondern es enthält Fruchtanteile oder Fette. Und somit ist auch die Schmelzwärme, die ich brauche, einfach geringer. Es ist weniger Wasser drin, es ist meistens leichter und die Oberfläche ist größer.«

Wie viel Natur darf man mit ins Wohnzimmer nehmen?

Pflanzen, Blüten, Zweige, Blätter, Blumensamen … Verlockend, wenn's im Frühling und im Sommer überall sprießt und blüht.

Grundsätzlich darf jeder in der freien Natur pflücken und zupfen – allerdings nur im Umfang eines Handstraußes und ohne die Wurzeln auszureißen. Geschützte Pflanzen wie etwa das Edelweiß sind absolut tabu.

Auch wild wachsende Waldfrüchte dürfen gesammelt werden, jedoch nur zum Eigengebrauch, das heißt in der hierfür üblichen Menge. Dasselbe gilt für Steine: ein, zwei besonders schöne Exemplare: ja. Säckeweise: nein.

Anders sieht es bei wild lebenden Tieren aus. Hier gilt: Finger weg! Auch eine Kröte oder einen Laubfrosch darf man nicht für den Gartenteich mit nach Hause nehmen.

Warum misst man die Temperatur nur »im Schatten«?

Weil dort das Thermometer nur durch die warme Luft und nicht durch direkte Sonneneinstrahlung erhitzt wird. Und nur die Lufttemperatur zählt, weil Gegenstände (wie Steine oder Metall) unterschiedlich intensiv von der Sonne erwärmt werden.

Im Urlaub

Was heißt »Urlaub«?

»Urlaub« hat nichts mit Urwald oder Laub zu tun – sondern mit »Erlauben«. Das mittelhochdeutsche Wort »urloup« bedeutete einst ganz allgemein »Erlaubnis«. Etwa die Erlaubnis, sich ganz oder zeitweilig zu entfernen (etwa von der Burg) beziehungsweise sich von der Arbeits- oder Dienstpflicht befreien zu lassen. Das hat dazu geführt, dass wir »Urlaub« heute gleichbedeutend mit »Ferien« gebrauchen.

Wieso braucht der Mensch eigentlich Urlaub?

»Ich brauch' mal dringend Urlaub«, ächzt sogar der unzerstörbare Kampfroboter »Terminator II« in dem gleichnamigen Film, nachdem er die Welt gerettet hat. Ziemlich lädiert sieht Darsteller Arnold Schwarzenegger dabei tatsächlich aus. Aber urlaubsreif? Auf uns Menschen übertragen: Warum erscheint der siebte Tag der Woche auf einmal als zu wenig, nachdem er jahrhundertelang offenbar zur Erholung ausgereicht hat?

In den 20er Jahren bemühte man hierzu die »Theorie der schiefen Ebene«. Jeden Tag, meinte damals der Arzt Karl Behm, bleibe ein Rest von Ermüdung in uns hängen, der durch die Freizeit abends und am Wochenende nicht vollständig ausgeglichen werden könne.

Über die Monate sammele sich so eine Erholungsbedürftigkeit an, die nur durch längeren Urlaub abgebaut werde. Klingt zunächst plausibel. Allerdings dürfte die »schiefe Ebene« mit der stetigen Verkürzung der Arbeitszeit längst gerade gestellt sein. 1950 betrug sie im Durchschnitt 48 Wochenstunden, heute sind es nur noch 37,4. Anders gerechnet: An echter frei verfügbarer Zeit bleiben jedem Arbeitnehmer nach Abzug von Schlafen, Körperpflege, Mahlzeiten, familiären und sozialen Verpflichtungen immerhin noch 1600 Stunden im Jahr. Das sind 66 Tage – mehr als der doppelte Jahresurlaub.

Rein physiologisch ist »Erholungsurlaub«, wie er in den meisten Tarifverträgen offiziell heißt, tatsächlich verzichtbar. Das rhythmische tägliche Ausruhen durch Schlaf reicht von Natur aus für die Regeneration unseres Organismus aus, davon ist der Biochemiker, Stressforscher und Autor Frederic Vester *(Phänomen Stress)* überzeugt.

Aber: Das Verlangen nach Urlaub ist eine ausgesprochene Zivilisationsfolge. Es entsteht nicht durch normale körperliche Arbeit, sondern durch die »gewaltige Reizüberflutung und Stressbelastung unserer modernen Gesellschaft«, erklärt Vester.

Im vermeintlich so finsteren Mittelalter schenkte die Kirche den Menschen fast 150 Feiertage im Jahr. Das Leben folgte den natürlichen Zyklen der Jahreszeiten, dem Säen, Wachsen und Ernten. Im 21. Jahrhundert ist dagegen andauernd »Erntezeit«. Tag für Tag und Monat für Monat muss zur selben Zeit aufgestanden, die gleiche Leistung erbracht werden. Obwohl es im Winter erst Stunden später hell wird als im Sommer und dem Licht ein messbarer Einfluss auf das Immunsystem wie auf die seelische Befindlichkeit zukommt.

1950 führte der Biologe Hans Seyle den Begriff »Stress« in die Humanwissenschaften ein. Starke »Stressoren« seien etwa Konkurrenzdruck oder das Gefühl, leicht ersetzbar zu sein. Arbeit braucht nicht unbedingt Urlaub. Stress schon.

Allerdings keinen von der Stange. Erholung will individuell maßgeschneidert sein. Denn »Erholung« ist vieldeutig und kann einen Prozess wie auch einen Zustand meinen.

Der ideale Urlaub verschafft Erholung durch Kontraste. Er setzt keineswegs Nichtstun voraus – wohl aber die Abwesenheit von Routine, Zeit- und Leistungsdruck.

Was bedeuten die Hotelsterne?

In Deutschland sind rund 6500 der 37000 Hotels vom Deutschen Hotel- und Gaststättenverband (DEHOGA) klassifiziert. Die Teilnahme ist freiwillig – das heißt, Hotels können sich auch selbst Sterne verleihen.

Offiziell bedeuten deutsche Hotelsterne Folgendes:

1 Stern = Touristenklasse (Unterkunft für einfache Ansprüche):

- Einzelzimmer: 8 qm, Doppelzimmer: 12 qm
- Empfangsdienst
- Erweitertes Frühstück
- Etagendusche/-WC
- Telefax am Empfang
- Depotmöglichkeit

2 Sterne = Standard (Unterkunft für mittlere Ansprüche):

- Einzelzimmer: 12 qm, Doppelzimmer: 16 qm
- Frühstücksbuffet
- 70 Prozent der Zimmer mit Bad oder Dusche/WC
- 70 Prozent der Zimmer mit Farb-TV
- Getränkeangebot im Betrieb
- Sitzgelegenheit pro Bett, Tisch

3 Sterne = Komfort (Unterkunft für gehobene Ansprüche):

- Einzelzimmer: 14 qm, Doppelzimmer: 18 qm

- Alle Zimmer mit Bad oder Dusche/WC
- 12 Stunden besetzte Rezeption, 24 Stunden erreichbar
- Getränkeangebot auf jedem Zimmer
- Alle Zimmer mit Farb-TV
- Bargeldloses Zahlen mit Karte/Restaurant

4 Sterne = First Class (Unterkunft für hohe Ansprüche):

- Einzelzimmer: 16 qm, Doppelzimmer: 22 qm
- Frühstück und Speisen im Roomservice/Minibar
- Bademantel auf Wunsch, Kosmetikspiegel, Föhn
- Sessel/Couch
- Waschen und Bügeln der Gästewäsche
- Hotellobby, Restaurant, Hotelbar

5 Sterne = Luxus (Unterkunft für höchste Ansprüche):

- Einzelzimmer: 18 qm, Doppelzimmer: 26 qm
- Suiten
- 24 Stunden besetzte Rezeption mit Concierge
- Zusätzliche Waschbecken, Kosmetikartikel
- Safe im Zimmer
- Empfangshalle, Restaurant, Hotelbar

Komplizierter ist die Sterndeutung in anderen Ländern, weil es keine einheitliche internationale Klassifizierung gibt und die Ansprüche an Komfort und Service höchst unterschiedlich ausgeprägt sind.

Einige Tipps zur Hotelwahl im Ausland:

- Buchen Sie kein Hotel unter 3 Sternen.
- Je südlicher die Länder, desto niedriger der Komfortanspruch, sprich: Desto höher sollte die Anzahl der Sterne sein.
- Wer in Italien, Griechenland oder der Türkei Urlaub macht, sollte mindestens ein bis zwei Sterne abziehen, um den entsprechenden deutschen Standard zu erhalten.

- In Griechenland werden Hotels nach den Buchstaben A–E eingeordnet. A steht für Luxushotel, E für 1 Stern.
- In Spanien, Frankreich, Portugal und Großbritannien entsprechen die Sterne ungefähr dem deutschen Niveau. Allerdings sind Hotels hier vergleichsweise teurer.
- In Belgien, Österreich und der Schweiz sowie in den skandinavischen Ländern gelten vergleichbare Bestimmungen wie in Deutschland.
- In den USA sowie asiatischen Ländern wie Malaysia, Singapur, Hongkong, Taiwan, Indonesien oder China ist der Standard höher als in Deutschland. Hier können Sie ein bis zwei Sterne hinzuzählen.

Woher stammt das Wort »Süßwasser«?

»Süßwasser« ist laut amtlicher Definition das kühle Nass der Binnengewässer mit weniger als 0,05 Prozent Salzgehalt. Eigentlich müsste es also »nichtsalziges Wasser« heißen.

Weil das aber zu umständlich ist, erfanden deutsche Fischer vor mehr als 150 Jahren das Wort »Süßwasser«. Diejenigen, die in Flüssen oder Seen fischten, wollten sich damit von Salzwasserfischern abgrenzen, die aufs Meer hinausfahren.

Wie kommt das Salz ins Meer?

Versickerndes Regenwasser löst auf seinem Weg in die Tiefe Salze aus dem Gestein. Wenn es als Quelle wieder an die Erdoberfläche tritt, sammelt es sich in Bächen und Flüssen und fließt mitsamt seiner Lösungsfracht ins Meer – wie eine Art Endlosförderband, beladen mit Mineralsalzen.

Das führt uns jedoch gleich zum nächsten Rätsel:

Wieso sind dann die »Förderbänder« selbst, also Flüsse und Ströme, salzarme Binnengewässer? Das liegt daran, dass die Ozeane ein riesiges Sammelbecken sind, in denen sich das Salz über Jahrmillionen hinweg bis zur heutigen Menge angereichert hat.

Was bedeutet »MS« vor einem Schiffsnamen?

MS Astor, MS Europa, MS Queen Elizabeth 2 – jeder kennt diese Kreuzfahrtschiffe, und sei es aus dem Fernsehen. Wofür aber steht die Abkürzung »MS«?

Ganz einfach: für »Motorschiff«. MS bezeichnet also immer ein Schiff, das von einem Dieselmotor angetrieben wird.

Wieso haben Schiffe runde Fenster?

Jede rechteckige oder quadratische Öffnung in einem Schiff ist ein Schwachpunkt, da Materialermüdung in den Ecken beginnt und den Rumpf bei starkem Wellengang förmlich aufreißen kann.

Deshalb entwerfen Schiffbauer seit jeher runde Bullaugen und auch abgerundete Ecken für die Deckluken.

Was ist eine Registertonne?

Die Maßeinheit »Registertonne« (RT) ist ein Raummaß und hat nichts mit Masse oder Gewicht zu tun. Eine Registertonne gibt das Volumen der Hohlräume eines Schiffes an und entspricht rund 2,8 Kubikmetern.

Es wird unterschieden zwischen Bruttoregistertonne (BRT) und Nettoregistertonne (NRT). Die Angabe in BRT bezieht sich auf den gesamten umbauten Raum des Schiffes, also Laderäume einschließlich Kessel- und Maschinenräume, Kommandobrücke, Unterkünfte, Vorratsräume usw.

Dagegen wird die Nettoregistertonne nur auf den so genannten abgabepflichtigen Vermessungsraum angewendet – also auf die Räume, die unmittelbar mit der Ladung des Schiffes zu tun haben beziehungsweise »kommerziell nutzbar« sind.

Die Unterscheidung zwischen Brutto- und Nettohohlräumen ist für die Schifffahrt wichtig, weil sich daraus auch die Gebühren für Hafen, Kanal, Schleusen, Lotsen etc. errechnen.

Ist das Tote Meer biologisch tot?

Das Tote Meer zwischen dem Königreich Jordanien, seinem westlichen Nachbarland Israel und den Palästinensischen Autonomiegebieten hat einen extremen Salzgehalt von fast 30 Prozent. »Tot« ist es deswegen trotzdem nicht.

Es beherbergt verschiedene Mikroorganismen, Salzwasserkrabben und die Larven einer bestimmten Fliegenart, darüber hinaus Pflanzen, die in salziger oder alkalischer Umgebung gedeihen (Halophyten). Schöpfer des Namens »Totes Meer« war der hl. Hieronymus im vierten Jahrhundert.

Der Wasserspiegel des Toten Meeres liegt fast 400 Meter unter dem Meeresspiegel – damit ist er der tiefste Punkt der Erde.

Ist das Rote Meer rot?

Eigentlich nicht, sondern eher blaugrün, in der Nähe von Untiefen grün.

Allenfalls im rötlichen Widerschein der Morgensonne vom Sinaigebirge erscheint die Namensgebung berechtigt.

Die Bezeichnung »Rotes Meer« kommt aber vermutlich von einem dort lebenden algenähnlichen Bakterium mit roten Pigmenten.

Wieso werden Wellen höher und brechen sich, wenn sie sich dem Strand nähern?

Surfer wünschen sich meterhohe Wellen – und wundern sich vielleicht, wenn die Wellen erst nahe des Strandes groß werden, Schaumkronen bilden und sich dann brechen, während sie etwas weiter draußen im Meer eher klein sind. Warum wachsen Wellen, wenn sie auf den Strand zulaufen?

Der Grund liegt in der Veränderung der Ausbreitungsgeschwindigkeit: Wasserwellen in tiefem Wasser bewegen sich mit einer konstanten Geschwindigkeit, die nur von der Entfernung zwischen zwei Wellenbergen, also der »Wellenlänge«, abhängt. Wenn sie in flacheres Wasser gelangen, dann hängt ihre Geschwindigkeit aber von der Wassertiefe ab – je flacher das Wasser, desto langsamer die Wellen.

Zugleich transportiert eine Welle aber auch Energie – und diese Energie muss mit der gleichen Rate weitertransportiert werden. Eine höhere Welle hat mehr Energie. Wenn die Welle also wegen des flacheren Wassers langsamer wird, muss sie gleichzeitig höher werden, um Energie mit derselben Rate transportieren zu können. Dabei wird die Welle spitzer. Im Extremfall bewegt sich der Wellenkamm schneller als der Rest der Welle, und sie überschlägt sich.

Ist Holland dasselbe wie Niederlande?

Nein.

Die Niederlande bestehen aus insgesamt zwölf Provinzen.

Und nur im Westteil des Landes heißen zwei davon Holland: nämlich »Noord Holland« und »Zuid Holland«.

Sie entsprechen territorial in etwa der mittelalterlichen Grafschaft »Holtland«, was so viel wie »Baumland« heißt.

Darüber hinaus gehören die Provinzen Drenthe, Flevoland, Friesland, Gelderland, Groningen, Limburg, Nordbrabant, Overijssel, Utrecht und Zeeland zu den Niederlanden.

Was heißt »Moin Moin«?

»Moin« heißt eigentlich nicht »Morgen«, sondern eher »einen Guten« – denn Sprachforscher meinen, dass das Wort sich vom niederländischen »mooi« = »schön« oder »gut« ableitet.

Das erklärt, wieso »Moin« in Norddeutschland nicht nur morgens, sondern zu jeder beliebigen Tageszeit und in fast jeder Situation als universeller Gruß verwendet wird. »Moin« ist der normale Gruß, die Verdoppelung »Moin Moin« ist freundlicher und höflicher und wird oft als Antwort auf ein einfaches »Moin« benutzt.

Wieso gibt es in einem See, einem Schwimmbecken oder in der Badewanne keine Gezeiten?

Die Gezeitenkräfte des Mondes wirken auf alle belebten und unbelebten Objekte auf der Erde ein: auf Meere, Seen, auf Steine, Pflanzen und Tiere. Gezeiten – also Ebbe und Flut – gibt es aber nur am Meer.

Tatsächlich ist das Verhältnis zwischen Mond und Gezeiten recht kompliziert.

Die Gezeitenkräfte entstehen zu 70 Prozent durch die Schwerkraft des Mondes, zu 30 Prozent durch die Schwerkraft der Sonne und darüber hinaus durch die Drehbewegung der Erde. Sie sind am stärksten an dem Punkt der Erdoberfläche, der dem Mond zugewandt ist, weil dort die Anziehungs-(Gravitations-)Kraft des Mondes am stärksten wirkt. Doch auch genau auf der anderen Seite, am weitesten vom Mond entfernt, sind die Gezeitenkräfte stark. Denn Mond und Erde ziehen sich gegenseitig an und kreisen um einen gemeinsamen Schwerpunkt – so ähnlich wie ein Hammerwerfer, wobei wir uns den Werfer als Erde und den Hammer als Mond vorstellen können.

An zwei Stellen der Erdoberfläche also ist die Aufwölbung des Meerwassers am höchsten. Weil sich die Erde täglich um ihre eigene Achse dreht, wandern diese beiden »Flut-« oder »Gezeitenberge« um die Erde. Sie brauchen dazu etwas länger als einen Tag, da der Mond sich gleichzeitig ebenfalls weiterbewegt – und zwar mit einer »Verspätung« von 50 Minuten. Wäre die Erde ein reiner Wasserplanet, dann würde überall regelmäßig alle 12,421 Stunden ein Flutberg ankommen, immer genau dem Lauf des Mondes folgend. Aber sehr eindrucksvoll wären diese Flutberge nicht. Denn die stets nach unten wirkende Schwerkraft der Erde ist ungefähr zehn Millionen mal stärker als die Gezeitenkräfte, sodass die so entstehenden Flutberge kaum 30 Zentimeter hoch wären.

Doch unser blauer Planet besteht eben nicht nur aus Wasser, und deshalb sind die Gezeitenberge typischerweise deutlich höher: An vielen Orten – etwa im Ärmelkanal – fünf Meter oder mehr. Flut tritt auch durchaus nicht immer genau dann auf, wenn der Mond am Höchsten steht. Der Grund: Wegen der Kontinente kann das Wasser nicht einfach frei rund um die Erde fließen. Vielmehr gibt es verschiedene Meeresbecken. Und wie in jedem Becken kann das Wasser hin und her schwappen.

Das kennt jeder von einer vollen Badewanne: Wenn man die Hand mit der richtigen Geschwindigkeit (zirka alle zwei bis drei Sekunden) hin und her bewegt, dann beginnt die gesamte Wassermasse zu schwingen. Mit erstaunlich wenig Kraftaufwand hält man so 200 Liter Wasser in Bewegung. Man muss nur die richtige Frequenz treffen – bewegt man die Hand zu schnell oder zu langsam, dann erzeugt man zwar Wellen, aber es ist merklich schwerer, die Wanne zum Überschwappen zu bringen. Die richtige Frequenz (hier die so genannte Resonanzfrequenz) hängt von der Größe des Beckens ab: Je größer das Becken, desto länger braucht die Wasserwelle von einem Ende zum anderen. Klar: In einer Suppenschüssel schwappt die Flüssigkeit schneller hin und her als in einer Badewanne.

Anderes Beispiel: Kippt man eine Teetasse ein ganz klein wenig, so steigt ihr Inhalt an einer Seite um Millimeter an. Könnten wir das Gleiche mit einem Ozean tun, wäre der Anstieg dagegen enorm. Die Gezeitenströme der Ozeane beruhen also kurz gesagt darauf, dass ihr Hin-und-her-Schwappen aufgrund ihrer gewaltigen Größe an den Ufern stärker wahrnehmbar ist.

Wie die Hand auf die Badewanne wirkt auch der Mond auf die Meeresbecken: als regelmäßige (periodische) Kraftzufuhr. Der Atlantik hat physikalisch betrachtet gerade die richtige Größe, um durch die zwölfstündigen Gezeitenperiode ins Schwingen zu geraten.

An manchen Stellen der Küsten kommen noch weitere Effekte hinzu. Der Ärmelkanal oder auch die Elbmündung bei Hamburg wirken wie Trichter: Die einlaufende Flut wird von der Seite eingeengt und muss dadurch höher werden. Deshalb ist sie hier besonders hoch. Die Gezeiten entstehen also nicht dadurch, dass der Mond wie ein Magnet das Wasser einfach nach oben zieht; sondern die relativ kleinen Gezeitenkräfte regen Schwingungen in großen Meeresbecken an.

Daher wirken sich die Gezeitenkräfte auch nicht messbar oder auch nur spürbar auf den Menschen aus, obwohl wir zu vier Fünfteln aus Wasser bestehen. Denn erstens kann der Mond – wie schon gesagt – nur große, verbundene Wassermassen beeinflussen. Und zweitens sind wir keine »Wassersäcke«, das heißt: Frei beweglich umherschwappen kann das Wasser im Körper nur innerhalb der winzigen Zellen, im Blutkreislauf und zwischen den Körpergeweben.

Auch in einem 50-Meter-Schwimmbecken gibt es keine Gezeiten und sogar im relativ großen Bodensee sind sie nur noch knapp an der Nachweisgrenze manifest.

Wieso wird ein Radio lauter, wenn man die Antenne berührt?

Die Antenne eines Kofferradios ist eigentlich viel zu kurz, um den gesamten Bereich der ausgestrahlten Rundfunkwellen aufzunehmen – dazu müsste sie zwischen einem Meter (für den UKW-Bereich) und bis zu zehn Meter (für den gesamten Kurzwellenbereich) lang sein.

Wenn wir die Antenne mit der Hand umfassen, verlängern wir als leitendes Medium (der menschliche Körper hat einen hohen Anteil an Ionen in wässriger Lösung) die Antenne immerhin um unsere Körpergröße. Und dadurch wird der Empfang besser.

Warum applaudieren Fluggäste bei der Landung?

Eigentlich hat der Pilot ja bloß seinen Job getan. Wir klatschen ja auch nicht laut Beifall, wenn der Arzt uns eine

Spritze gegeben hat oder ein Polizist einen Strafzettel ausstellt.

Und es mag sein, dass einige Passagiere damit dem Kapitän und seiner Crew für den sicheren Flug und den guten Service danken möchten.

Doch eher ist der Beifall ein Ausdruck der Erleichterung, endlich wieder unten zu sein. Das Ritual des Applaudierens hat also etwas Befreiendes – und vertreibt zudem die letzten Reste von Flugangst.

Was macht die Flugzeugcrew am Zielort?

Alltagsgeschehen: Der Elfstundenflug ist zu Ende.

Von Frankfurt kommend, landet das Flugzeug in San Francisco und rollt zu seinem Parkplatz am Passagiergebäude. Röhrenförmige Flugsteige schieben sich heran. Die Türen werden geöffnet. Die Passagiere steigen aus.

Es ist der letzte Augenblick, mit den Flugbegleitern Höflichkeiten auszutauschen. Alles ist gut gemeint, auch die oft wiederkehrende Frage: »Fliegen Sie jetzt gleich wieder zurück?« Der Gedanke verwirrt. Es wäre ein Mammuttrip von gut 24 Stunden Arbeitszeit, undenkbar für Kabinen- und Cockpitbesatzung. Insgesamt darf die Arbeitszeit unter den gegebenen Bedingungen, und dies auch nur ausnahmsweise, 16 Stunden betragen, erklärt der Flugingenieur Jürgen Heermann (www.flugingenieur.de) ausführlich in seinem lesenswerten Buch *Warum sie oben bleiben – Ein Flugbegleiter für Passagiere.*

Heermann weiter: »Erschwerend sind dabei ein nächtlicher Dienstbeginn und mögliche Zeitverschiebungen, die diesem Flug bereits vorausgingen. All dies wird in einem umfangreichen, gesetzlich abgesegneten Regelwerk berücksichtigt. Hier in San Francisco steigt die Crew aus, verlässt den Flughafen und fährt gemeinsam ins Hotel. Eine tägliche Flugverbindung wie diese bringt der Crew einen Eintagesaufenthalt, eine zweitägige Verbindung bringt zwei Tage, eine dreitägige manchmal drei und eine wöchentliche unter Umständen eine ganze Woche. Flugzeuge müssen aus Kostengründen in Bewegung gehalten werden. Die laufenden Kosten der Crew sind nachrangig, die Kosten des Flugzeugs aber erheblich. Allein die Zinsen für den Kaufpreis eines großen Verkehrsflugzeugs können 25 000 Euro pro Tag betragen.

Aus diesem Grund ist es unwirtschaftlich, ein so teures Gerät zeitgleich mit der Ruhezeit der Crew auf dem Flughafen zu parken. Ein Flugzeug braucht keine Ruhepause und kann sofort für den Rückflug wieder startklar gemacht werden. Dies dauert bei einem Langstreckenflugzeug unter Umständen weniger als 90 Minuten.

Da San Francisco ein täglich angeflogenes Ziel ist, wird die Crew am darauf folgenden Tag ihren Rückflug antreten und die dann ankommende Crew ihrerseits ins Hotel fahren. Somit hält sich bei einem solchen Umlauf stets eine Crew in San Francisco auf. Berücksichtigt man, dass den Crewmitgliedern auch Freizeit zu Hause zusteht, so ist verständlich, dass für den Betrieb eines Flugzeugs mehrere Crews benötigt werden. Die Größenordnung liegt bei acht- bis zehnfach. Eine Crew wird zu jedem Umlauf neu zusammengestellt.

Kommt sie in unserem Beispiel wieder zurück nach Frankfurt, so trennen sich ihre Wege. Die für jeweils einen Monat herausgegebenen Dienstpläne sind Unikate. Keiner ist identisch mit dem Plan einer anderen Kollegin oder eines anderen Kollegen.

Eine bestimmte Flugroute gibt es nicht. Die Ziele sind überall. Auf jedem Erdteil.«

Warum trinken im Flugzeug so viele Leute Tomatensaft?

Das Phänomen »Tomatensaft im Flugzeug« gehört zu den letzten großen ungeklärten Rätseln im Flugwesen, erfährt man im Luftfahrt-Lexikon von www.luftpiraten.de:

»Gerüchten zufolge ist es unmöglich, dass Verkehrsflugzeuge ohne T-Saft überhaupt abheben können. Warum dieses Getränk in Supermärkten wie Blei im Regal steht – aber in Flugzeugen geliebt wird, bleibt ein Rätsel.

1993 hagelte es jedenfalls üble Beschwerden von Passagieren, als Lufthansa das Getränk von der Bordkarte strich. Das Ergebnis: 48 Stunden später wurde wieder ausgeschenkt und zufrieden gerührt. Für den Grund, warum Tomatensaft im Flugzeug so beliebt ist, existieren zahlreiche Theorien mit physiologischem (Veränderung des Geschmacksempfindens bei geringerem Druck, Elektrolyt-Theorie) und mit psychologischem (zum Beispiel ›me too‹-Effekt = ›für mich auch‹) Hintergrund. Die wahre Erklärung bleibt jedoch weiterhin völlig offen.«

Oder auch nicht – denn im Internetforum www.fragenohneantwort.de haben Leser einige einleuchtende Gründe zusammengetragen:

- »Da auf kurzen Flügen beziehungsweise in der Economy-Class nichts zu essen angeboten wird, gaukelt der Tomatensaft mit Pfeffer und Salz eine Mahlzeit vor.«
- »Weil man Tomatensaft nicht alle Tage bekommt oder trinkt.«
- »... weil man gerade bei Langstreckenflügen viel Flüssigkeit zu sich nehmen muss. Wenn man allerdings Alkohol trinkt, entzieht er dem Körper Flüssigkeit; trinkt man nur Cola, (...) wird (man) ganz hibbelig; trinkt man den Flug-

zeug-Orangensaft, (...) ist man schnell richtig übersäuert; Apfelsaft ist zu süß etc.«

Wieso bekommt im Flugzeug immer die andere Sitzreihe zuerst das Essen serviert?

Eine Frage, die eigentlich in die Rubrik »Mysteriöses« gehören würde. Ebenso wie: Wieso ist »bei mir« immer die Ampel rot?

Oder: Wieso ist der Akku immer dann leer, wenn man das Telefon oder den Laptop dringend braucht?

Oder ...

Da es keine objektiven Antworten gibt, hilft vielleicht eine andere Betrachtungsweise weiter: Dass wir uns häufig benachteiligt fühlen, liegt nicht an mysteriösen Widrigkeiten, nicht an einer Verschwörung oder am Schicksal – sondern an nahe liegenden Wahrnehmungstäuschungen. Gerade wenn wir besonders auf die Essensausgabe achten (weil wir hungrig sind) oder auf die Ampel (weil wir es eilig haben), vergleichen wir das eigene Vorankommen aufmerksam mit dem der anderen. Äßen wir jeden Tag im Flugzeug oder führen häufig über die besagte Ampel, hätten wir höchstwahrscheinlich ziemlich ausgeglichen mal rot und mal grün oder bekämen das Essen mal zuerst und mal zuletzt.

So aber prägt sich der Ärger über die rote Ampel oder über das Warten auf das Essen viel stärker ins Gedächtnis – während man schnell wieder vergisst, wenn es mal umgekehrt ist.

Derartige »selektive Wahrnehmungen« sind völlig normal und für unser Leben sehr sinnvoll. Wir könnten kaum überleben, wenn wir nicht die Dinge, die uns wichtig sind oder die uns ärgern, stärker beachten würden als Unwichtiges. Deshalb kann man solche Wahrnehmungstäuschungen auch kaum vermeiden, denn das menschliche Wahrnehmungssystem ist kein objektiv aufzeichnender Videorekorder, sondern interpretiert die Umgebung im Hinblick auf die eigenen Bedürfnisse.

Wieso ist es nachts in der Wüste so kalt?

In der Sahara erreicht die Temperatur tagsüber bis zu 52 Grad im Schatten, weil dort die Sonne ohne einen Wolkenfilter auf die Erde brennt. In Wüsten gibt es nämlich keine Wolken, weil kein Wasser vorhanden ist, das verdunsten kann.

Andererseits entweicht ohne Wolkendecke die Wärme ins Weltall, und das ist der Grund für den häufigen Nachtfrost. Der Unterschied zwischen Tag- und Nachttemperatur kann bis zu 68 Grad betragen.

Auch bei uns ist es in klaren Nächten viel kälter als in Nächten mit bedecktem Himmel. Denn Wolken sind undurchlässig für Wärme und strahlen diese wieder zur Erde zurück.

Wieso spüren wir nicht, dass die Erde sich dreht?

Richten Sie ein feststehendes Fernrohr oder Teleskop auf einen bestimmten Punkt am Himmel – und Sie werden feststellen, dass das fixierte Objekt – egal ob der Mond, ein Stern oder ein Planet – ziemlich rasch aus dem Gesichtsfeld wandert.

Kein Wunder, denn alles im Weltraum bewegt und dreht sich. Auch die Erde. Wieso aber merken wir davon nichts? Weil wir als Erdenbewohner uns mit der Erdrotation mitbewegen, und zwar mit derselben Geschwindigkeit von rund 1600 Stundenkilometern – gleichförmig und kontinuierlich.

Autos, Häuser, Flugzeuge, der Himmel, die Luft ... alles um uns herum dreht sich ständig im Kreis. Wir selbst eingeschlossen, deshalb gibt es keinen optischen Fixpunkt, an dem sich unsere Sinne festhalten könnten, und aus diesem Grund nehmen wir die Erdrotation nicht wahr.

Warum heißt es: »Neapel sehen und sterben«?

Glücklicherweise überleben nahezu alle Touristen den Anblick der süditalienischen Stadt.

Was also hat es mit dieser Redensart auf sich?

»Vedi Napoli e poi muori« (so heißt es im Original) ist eigentlich ein altes italienisches Wortspiel, das auf der Doppeldeutigkeit von »muori« basiert. »Muori« ist nämlich einerseits ein kleiner Ort hinter Neapel, den Besucher also erst »nach« Neapel erreichen; zum anderen heißt »muori« so viel wie »du stirbst«.

»Vedi Napoli e poi muori« kann also sowohl »Sieh Neapel und dann stirb« wie auch »Sieh erst Neapel und dann Muori« bedeuten.

Im Deutschen wird das geflügelte Wort natürlich ausschließlich in der ersten Bedeutung verwendet: Wer »Neapel« (symbolisch für etwas Wunderschönes) gesehen hat, kann sich getrost zum Sterben hinlegen, weil ihm im Leben nichts Besseres mehr widerfahren kann.

Was macht eine Kirche zu einem Dom oder zu einer Kathedrale?

Das ist sehr schwierig zu beantworten, weil

- diese Begriffe im Laufe der Jahrhunderte einen Bedeutungswandel erlebt haben und daher häufig ungenau verwendet werden;
- Kirchen im Laufe der Jahrhunderte unterschiedlich genutzt worden sind.

Eine grobe Einteilung besagt: Ein Dom ist eine »bedeutendere« Kirche, im Mittelalter haben oft Klostergemeinschaften oder Gemeinschaften von Priestern ohne Ordenszugehörigkeit darin gewohnt. Deshalb gibt es an einem Dom normalerweise Wohnanlagen für Gemeinschaften. Ansonsten weist ein Dom keine baulichen Besonderheiten auf. Das Wort kommt vom lateinischen »domus« (Dei) = Haus (Gottes).

Eine Kathedrale ist eigentlich die zentrale Kirche eines Bistums, also der Bischofssitz. Das Wort Kathedrale leitet sich vom griechischen »kathedra« ab, was so viel heißt wie Lehrstuhl und auf die Lehr- und Verkündigungsvollmacht des Bischofs verweist.

Heute gibt es allerdings viele Kathedralen, die streng genommen keine sind, weil dort kein Bischof mehr residiert.

Übrigens: Ein Münster war ehedem die Kirche einer mönchischen Gemeinschaft (von lat. »monasterium«). Eine Basilika ist vom griechischen Wortsinn her eine antike Königshalle, in der der Richterstuhl oder ein Götterbild stand. Später wurden sehr unterschiedliche regionale Bauformen einer Kirche als Basilika bezeichnet. Heute kann »Basilika« auch ein liturgischer Ehrentitel sein für eine Kirche »von bedeutendem Rang« (Dom, Wallfahrtskirche, Klosterkirche).

Warum ist es in New York immer sechs Stunden früher?

Eigentlich müsste jeder Ort der Erde seine eigene Zeit haben. Denn die so genannte wahre Ortszeit wird von der Sonne bestimmt. Das heißt: Es ist dann 12 Uhr »wahre Ortszeit«, wenn die Sonne in ihrem Tageslauf den höchsten Punkt erreicht hat.

Doch eine einheitliche Zeitmessung ist mit der wahren Ortszeit unmöglich. Also einigte man sich 1884 auf ein weltweit gültiges Zeitsystem. Entsprechend der 24 Stunden eines Tages gibt es seitdem 24 Zeitzonen.

Ausgangspunkt für die Einteilung ist die wahre Ortszeit auf dem Nullmeridian, der durch den Londoner Stadtteil Greenwich verläuft. Von ihm sind seitdem alle Uhrzeiten auf der Erde abhängig. Je entfernter ein Ort westlich von Greenwich liegt, desto weiter rücken die Zeiger auf der Uhr vor. Dabei entspricht ein Längengrad vier Minuten. Eine Zeitzone umfasst in der Regel 15 Längengrade, also eine Stunde.

Daher ist es zum Beispiel im westlich gelegenen New York sechs Stunden früher als in Deutschland.

Worauf wartet der Sekundenzeiger der Bahnhofsuhr?

Bestimmt ist Ihnen schon das sonderbare Verhalten des roten Sekundenzeigers der deutschen Bahnhofsuhren aufgefallen: Er rückt vor, bis er die Zwölf erreicht. Dort bleibt er so lange stehen, bis der schwarze Minutenzeiger um einen Strich vorgerückt ist. Erst dann startet der Sekundenzeiger einen neuerlichen Umlauf.

Die Bahnhofsuhren bekommen die genaue Zeit von der hochpräzisen Atomuhr der physikalisch-technischen Bundesanstalt in Braunschweig, und zwar per Funk im Minutentakt. Das heißt: Der Minutenzeiger bewegt sich nahezu perfekt synchron zur Echtzeit.

Anders der Sekundenzeiger: Er erhält keinen Impuls eines externen Zeitzeichen-Senders, sondern wird von einem Motor angetrieben, der im wahrsten Sinne des Wortes der Zeit voraus ist. Der Sekundenzeiger absolviert seine 60 Sprünge pro Minute in nur 58 Sekunden. Er muss also ständig angehalten und der Echtzeit angepasst werden, damit Sekunden- und Minutenzeiger miteinander harmonieren und auf der Zwölf zeitgleich umspringen.

Eine Umrüstung der Antriebstechnik des Sekundenzeigers käme die Bahn zu teuer und ist auch gar nicht gewollt. Denn den Fahrgästen auf dem Bahnsteig gefällt es, wenn sie das Verstreichen der Minuten bis zur Abfahrts- oder Ankunftszeit auf diese Weise ganz deutlich sehen können.

Warum lächelt die Mona Lisa?

Seit 1519, dem Todesjahr von Leonardo da Vinci, rätseln Forscher und Bewunderer: Wer gab das Modell für die berühmte »Mona Lisa« ab, die heute im Pariser Louvre hängt? Und warum lächelt die Renaissancedame so seltsam und geheimnisvoll?

Experten wollen herausgefunden haben: Es ist Leonardo selbst, der sich als Frau gemalt hat. Auch das Lächeln soll das des Malers sein – nur spiegelverkehrt.

Vermutlich wollte der geniale Künstler damit die weibliche Seite seines Wesens ausdrücken.

Wieso darf man alte Gemälde nicht fotografieren?

Ausstellungsgegenstände sind grundsätzlich lichtempfindlich, fast jedes organische Material wird mehr oder weniger durch Licht geschädigt. Denn energiereiche Lichtstrahlung zerstört die Bindungen in den Molekülen und es entstehen zum Teil chemisch aggressive Komponenten, so genannte Radikale – Fachleute sprechen von »photochemischer Zersetzung«.

Bei Gemälden beispielsweise zerfallen die früher gebräuchlichen Bindemittel Eiweiß und Eigelb und einige Farbpigmente verändern sich: So wird das bei Malern beliebte dunkelgrüne Kupferresinat braun und viele rote, blaue und gelbe Naturstoffe bleichen aus – klar, dass der Eindruck eines Gemäldes dadurch erheblich verändert wird.

Dass Papier geschädigt wird, hat jeder schon beobachtet: Wenn man ein Blatt Papier halb abdeckt und ein paar Tage der Sonne aussetzt, ist der Unterschied zwischen der abgedeckten und der sonnenbeschienenen Hälfte augenfällig.

Und: Sogar, wenn man das Papier danach im Dunklen aufbewahrt, schreitet die Vergilbung weiter fort. Denn durch die Lichteinwirkung sind Säuren entstanden, die das Papier langsam zerstören und es schließlich brüchig werden lassen. Textilien gehören ebenfalls zu den sehr lichtempfindlichen Materialien, aber auch Leder, Holz und viele Kunststoffe.

Was ist nun aber mit dem Fotoblitz? Blitzlicht ist sehr intensiv, und es enthält einen großen Anteil des besonders schädlichen ultravioletten Lichtes – auch wenn der Fotoblitz nur ganz kurz aufleuchtet.

Letzteres ist der Grund, weshalb ein gelegentlicher Fotoblitz nicht schadet. Wenn aber sehr viele Besucher ihre Kameras in Anschlag bringen, verhält sich die Sache schon anders. Man möchte zum Beispiel die »Mona Lisa« im Pariser Louvre auch noch in hundert Jahren in gutem Zustand sehen und nicht ausgebleicht durch zahllose Schnappschüsse – daher ist ein generelles Fotografierverbot bei einzigartigen und massenhaft besuchten Kulturschätzen wie der »Mona Lisa« oder den Höhlenmalereien aus der Steinzeit sinnvoll.

Unabhängig davon gibt es noch andere gute Gründe für Fotografierverbote in Museen. Erfahrungsgemäß gehen einige Hobbyknipser recht unvorsichtig zur Sache: »Noch einen Schritt nach links, bitte!« – Klirr! – »Oh, die Vitrine habe ich gar nicht gesehen ....«

Deshalb ist speziell das Fotografieren mit Stativ oft verboten – die Unfallgefahr ist dabei besonders groß.

Außerdem können sich andere Besucher durch das Blitzen gestört fühlen. Sie werden abgelenkt, können sich schlechter auf die Ausstellung konzentrieren oder werden geblendet, wenn sich das gleißend helle Licht in den Vitrinen spiegelt. Je nach örtlichen Gegebenheiten entscheiden deshalb manche Museen, Blitzlichtfotografie aus Rücksicht auf andere Besucher generell nicht zuzulassen.

Wieso hört man in einer Muschel das Rauschen des Meeres?

Stolz presst die kleine Lena eine Muschel vom Italienurlaub ans Ohr – und fühlt sich gleich zurückversetzt an den Strand, der von Wellen umtost wird.

Denn ganz deutlich hört Lena das Meeresrauschen.

Leider nicht wirklich.

Die Muschel wirkt wie ein Resonanzboden. Das heißt, sie schirmt einerseits den Gehörgang von allen Außengeräuschen ab. Zugleich wird die Luft in ihrem Inneren von den

Schallwellen der Umgebung in Schwingungen versetzt. Diese Schwingungen nehmen wir als auf- und abschwellendes Rauschen wahr. Zugleich verstärkt die Muschel wie ein Lautsprecher das Geräusch der Zirkulation unseres eigenen Blutes in den feinen Adern des Gehörgangs.

Welches waren die sieben Meere?

In den 1940ern focht der Schauspieler Errol Flynn als »Herr der sieben Meere« – ein klassischer Piratenfilm, der im 16. Jahrhundert spielt.

Zur Zeit der Segelschifffahrt unterschied man das nördliche und das südliche Eismeer, den Nord- und Südatlantik, den nördlichen und südlichen Stillen Ozean sowie den Indischen Ozean.

Diese historische Einteilung gilt nicht mehr. Nord- und Südatlantik wurden zum Atlantik zusammengefasst, nördlicher und südlicher Stiller Ozean zum Pazifik, sodass es heute nur noch fünf Weltmeere (Ozeane) gibt: Atlantik, Pazifik, Indischer Ozean (Indik), Südlicher Ozean (Südpolarmeer) und Arktischer Ozean (nördliches Eismeer bzw. Nordpolarmeer).

Wieso ist es auf den Bergen kälter als im Tal?

Obwohl doch die Sonne »oben« näher ist als »unten«?

Schon – aber die Sonnenstrahlen dringen relativ ungehindert durch die Erdatmosphäre, nur 15 Prozent der Energie nimmt die Lufthülle auf. Der große Rest wird erst von der Erdoberfläche absorbiert.

Die Sonne erwärmt also in erster Linie den Boden, nicht die Luft.

Hinzu kommt ein weiterer Effekt: Wärme und Druck

beeinflussen sich gegenseitig – das merkt man zum Beispiel an der Fahrradluftpumpe, die beim Pumpen warm wird.

Also: Wenn Luft aufsteigt, dann verringert sich mit der Höhe der Druck, und die Luft wird kälter. Deshalb gibt es in unserer Lufthülle eine Temperaturschichtung: Je höher, desto kälter. Pro hundert Meter wird es um ein Grad kälter.

Allerdings gilt auch: Je höher die Lage, desto intensiver die gefährliche UV-Strahlung.

Die Sonne spendet nicht nur Tageslicht und (Infrarot-) Wärmestrahlung; sie ist auch die bedeutendste Quelle natürlicher ultravioletter Strahlung.

UV-Strahlen können wir mit unseren Sinnesorganen nicht wahrnehmen. Trotzdem haben sie es in sich: Sie sind energiereich und biologisch hoch wirksam – sie bringen die Haut zum Bräunen, verursachen aber auch Sonnenbrand bis hin zu Hautkrebs.

In den verschiedenen Luftschichten der Erdatmosphäre bilden verschiedene Gase eine natürliche UV-Schutzschicht – vor allem Ozon, aber auch normaler Sauerstoff. Diese UV-Schutzschicht ist in den Bergen dünner als im Flachland. Schon in 5000 bis 6000 Meter Höhe haben Bergwanderer und Klettermaxe bereits die Hälfte der Atmosphäre unter sich, also entsprechend weniger Sauerstoff über sich, und deshalb ist die UV-Strahlung dort sehr viel stärker.

Zusätzlich erhöht die durch reflektierenden Schnee verursachte Streustrahlung die UV-Belastung. Hinzu kommen Kälte und trockene Luft, die die Haut empfindlicher machen.

Das heißt: In den Bergen ist es kälter als im Tal. Trotzdem bekommt man leichter Sonnenbrand.

Woher kommt in den Bergen oder beim Fliegen der Druck in den Ohren?

Ob im Flugzeug, in einer Drahtseilbahn oder mit dem Auto auf einem hohen Bergpass – wenn wir rasch an Höhe gewinnen, spüren wir ein merkwürdiges Druckgefühl in den Ohren.

Die Ursache dafür sind Luftdruckunterschiede.

In Höhenlagen wird die Luft in unserer Umgebung immer dünner, das heißt: Der Luftdruck nimmt stetig ab. Im Inneren unserer Ohren befindet sich aber noch Luft mit hohem Druck, und zwar jene Luft, die wir im Tal oder am Flughafen eingeatmet haben.

Anders gesagt: In den luftgefüllten Hohlräumen im Mittelohr und in den Stirnhöhlen herrscht beim Bergwandern oder beim Starten und Landen im Flugzeug über längere Zeit ein anderer Luftdruck als in der Umgebung. Und dieser Druckunterschied muss ausgeglichen werden.

Das geht so: Die »dicke« Luft im Mittelohr dehnt sich aus und drückt von innen gegen das Trommelfell, weil sie raus will, um sich mit der »dünnen« Luft draußen auszugleichen. Das Trommelfell wölbt sich also nach außen.

Dieser Vorgang verursacht den »Druck auf den Ohren«.

Beim Abstieg beziehungsweise bei der Landung passiert dasselbe noch einmal, nur umgekehrt: Jetzt drückt die »dicke« Außenluft auf die »dünne« Luft im Mittelohr hinter dem Trommelfell – also wird das Trommelfell nach innen gedrückt.

Was kann man dagegen tun?

Eine effektive Methode, den Druck zwischen Außenwelt und Innenohr auszugleichen, ist richtiges Atmen. Durch provoziertes Gähnen können einige Menschen den Druck loswerden. Eine weitere Methode besteht darin, sich bei geschlossenem Mund die Nase zuzuhalten und Luft in den Nasenraum zu pressen, als ob man ausatmen würde. Gleichzeitig sollte die Ohrtrompete (also die Verbindung zwischen den Hohlräumen im Mittelohr und dem Nasenraum) geöffnet werden, indem die Muskeln hinter den Ohren angespannt werden. Auf diese Weise kann der Ohrdruck ausgeglichen werden. Auch das Kauen von Kaugummi soll helfen.

Heiraten in Las Vegas – wie geht das eigentlich?

Britney Spears hat es getan. Verona Feldbusch auch.

Über 110 000 Menschen heiraten jedes Jahr in Las Vegas, darunter etwa 1900 Paare aus Deutschland.

Zwanglos und unbürokratisch soll das vonstatten gehen – aber dennoch gibt es diverse Formalitäten, die zu beachten sind:

- Beide Heiratswillige müssen mindestens 18 Jahre alt sein und dürfen keinen lebenden Ehemann beziehungsweise keine lebende Ehefrau haben. Minderjährige Antragsteller im Alter von 16 oder 17 Jahren brauchen die Zustimmung ihrer Eltern oder des gesetzlichen Vertreters.
- Mitzubringen sind nur die Reisepässe, die noch mindestens sechs Monate lang gültig sein müssen. Aufgebot und Geburtsurkunde sind nicht erforderlich. Auch keine Ringe oder festliche Kleidung.
- Im Marriage License Bureau (Büro für Heiratsgenehmigungen) in Las Vegas muss das Paar für rund 55 Dollar eine »Marriage License« beantragen, also eine Heiratserlaubnis. Den Antrag für die »Marriage License« kann man schon zu Hause am Computer ausfüllen, das Formu-

lar nebst Anleitung gibt es unter www.co.clark.nv.us/clerk/Marriage_License_Applications_online.htm.
Das Marriage License Bureau ist an allen Tagen der Woche von 8 bis 24 Uhr geöffnet. Man muss keinen Termin vereinbaren – allerdings mit Wartezeiten rechnen.

- Die Eheschließung kann dann von dem Beauftragten für Ziviltrauungen (Civil Marriage Commissioner) vorgenommen werden, der sein Büro gleich neben dem Büro für Heiratsgenehmigungen hat. Die Zeremonie ähnelt einer Trauung auf dem Standesamt. Notwendig: ein Trauzeuge. Das kann zur Not der Fotograf sein, der die Hochzeitsfotos schießt. Danach gibt es von dem Ziviltrauungsbeauftragten den unterzeichneten Trauschein.

Alternativ kann die Ehe auch in einer der 60 Hochzeitskapellen in Las Vegas geschlossen werden; dann übernimmt ein Reverend die Zeremonie. Die Rechtskraft der Eheschließung ist in beiden Fällen die gleiche.

- Soll die Ehe auch in Deutschland anerkannt werden, muss sie nach der Hochzeit beglaubigt werden. Das geschieht beim deutschen Konsulat in Las Vegas. Die dort ausgestellten Urkunden (insgesamt drei) werden den frisch Vermählten innerhalb von etwa vier Monaten nachgeschickt und sind beim örtlichen Standesamt vorzulegen.

Damit ist die Ehe auch in Deutschland gültig.

Unterwegs

Wieso gibt es Staus, ohne dass ein Unfall passiert ist?

Weil Menschen keine Fische sind.

Fische in Schwärmen bewegen sich völlig zeitgleich und reagieren synchron auf äußere Einflüsse. Autofahrer nicht.

Der erste Fahrer bremst, der zweite bremst noch mehr, und ein dritter weiter hinten bleibt ganz stehen. So pflanzt sich der Stau nach hinten fort. Und jeder wundert sich, wieso er eigentlich entstanden ist. Hauptgrund für Staus sind also nicht Baustellen oder Unfälle – sondern unregelmäßige Fahrweise, erklären Wissenschaftler.

Ein leichter Tritt mit dem rechten Fuß aufs Bremspedal schaukelt sich zu einer Kettenreaktion hoch, zu einem massenhaften Bremsmanöver, bei dem die Abstände zwischen den Stoßstangen immer kürzer werden. Der Dreißigste, Vierzigste oder Fünfzigste kommt schließlich zum Stehen. Anders ausgedrückt: Zu viele Autos halten so lange zu wenig Abstand, bis kein Abstand mehr da ist.

Übrigens: Seinen Lauf nimmt der Stau aus dem Nichts meist auf der Überholspur, denn dorthin zieht es 70 Prozent der deutschen Autofahrer. Staumacher sind nach wissenschaftlichen Erkenntnissen die Raser. Je geringer die Geschwindigkeitsdifferenz, umso geringer die Staugefahr. Optimal ausgelastet ist die Straße bei Tempo 80 und nicht etwa bei Tempo 200.

Abrupt von frei fließend zu stockend oder stehend kann sich der Verkehrsfluss auch dann verändern, wenn einfach zu viele Autos »mitschwimmen«. Verkehrsforscher haben ausgerechnet, dass bei 1800 Fahrzeugen pro Stunde und

Fahrspur eine optimale Verkehrsdichte herrscht. Im Berufsverkehr etwa sind es aber rasch 2500 bis 2700 Autos, die plötzlich alle zur selben Zeit auf die Straße drängen.

Stellen Sie sich eine Modellautorennbahn im Kinderzimmer vor: Schicken Sie je zwei Spielzeugautos hintereinander in einer Spur ins Rennen – kein Problem.

Mit jedem Auto mehr jedoch stoßen die Kapazitäten der Fahrspuren schnell an ihr Maximum. Und dann geht nichts mehr.

Zusammenfassend kann man also sagen, dass für nahezu alle Staus drei »Zutaten« verantwortlich sind: ein hohes Verkehrsaufkommen, eine kurze örtliche Störung und etwas, was den gleichmäßigen Verkehrsfluss stört – etwa eine Verengung der Fahrspuren, eine Steigung oder ein Gefälle, Kurven, Bremsmanöver, Unfälle. Bei über 95 Prozent der Staus sind diese drei Faktoren beteiligt.

Übrigens: Auch ein weiteres Rätsel in diesem Zusammenhang hat der Auto Club Europa (ACE) mittlerweile gelöst. Nämlich: Womit beschäftigen sich Autofahrer gedanklich, während sie im Stau stehen? Ergebnis einer Umfrage: Fast ein Drittel denkt an Sex.

Welchen Sinn hat die Verkehrsfunkwarnung, dass »das Stauende sich hinter einer Kurve« befindet?

Natürlich bleibt das Stauende nie lange in einer Kurve, da immer mehr Autos ankommen und sich hinten an den Stau anschließen. Experten haben ausgerechnet, dass Stauenden sich mit zirka 15 km/h rückwärts »fortbewegen«.

Einen unmittelbaren Sinn hat dieser Hinweis mithin eigentlich nicht.

Trotzdem wird diese Formulierung auch weiterhin täglich zu hören sein – als eher allgemeine Warnung, dass nahezu überall verbotswidrig schneller gefahren wird, als die Überschaubarkeit der Strecke und die Verkehrsverhältnisse es zulassen.

Hat ein Pferd genau ein PS?

Fragt ein Pferd das andere: »Sag mal, wie viel PS hast du ...?«

Unter Pferdefreunden ist das ein beliebter Witz. Aber ist es wirklich so selbstverständlich, dass ein Pferd genau ein PS leistet?

Der schottische Ingenieur und Maschinenbauer James Watt hatte in der Tat ein Pferd vor Augen, als er anno 1775 eine Dampfmaschinenfabrik gründete und die »Pferdestärke« (PS) als Maßeinheit der Maschinenleistung einführte. Denn um die neue Technik an den Mann zu bringen, musste sie besser und billiger sein als die vierbeinigen »biologischen Motoren«. Also erfand Watt einen Begriff, der ganz konkret die Leistungsfähigkeit von Dampfmaschinen und Pferden vergleichbar machen sollte.

Aus einer komplizierten Rechenoperation, die den durchschnittlichen Arbeitstag eines Pferdes ebenso einbezog wie den Laufgang der Tiere und ihre Zugkraft, extrahierte der geniale Erfinder einen Wert von aufgerundet 740 Watt für eine Pferdestärke.

Heute weiß man allerdings, dass ein tierischer Muskel pro Kilogramm 100 Watt und mehr leisten kann. Ein Pferd wiegt etwa 600 Kilogramm, davon sind rund 180 Kilogramm Muskelmasse. Ein Pferd könnte demnach also umgerechnet bis zu 24 PS leisten.

Als kurzfristiger Spitzenwert, etwa bei einem Rennen,

mag das auch hin und wieder so sein. Doch vom alltäglichen Standpunkt aus betrachtet lag James Watt ziemlich richtig. Wird ein Pferd artgerecht so beansprucht, dass es viele Jahre lang gesund und leistungsfähig bleiben kann, ist ein PS die Grenze.

Blufft Haarspray den Radarblitz?

Manche Zeitgenossen besprühen das Nummernschild ihres Autos mit Haarspray, das den Radarblitz reflektieren soll. Tatsache ist: Mit Haarspray hält das Kennzeichen bei jedem Wetter – alle weitergehenden Behauptungen sind Blendwerk.

Auch Alufolie über den amtlichen Buchstaben und Ziffern ist kein Blitzableiter. Ebenso wenig wie CDs oder Christbaumkugeln am Innenspiegel.

Wieso ist der Radarblitz rot?

Damit der ertappte Fahrer nicht geblendet wird.

Eine rote Scheibe vor dem Blitzgerät schluckt einen Teil der gleißenden Helligkeit, lässt aber noch genügend Licht durch, um Kennzeichen und Fahrer deutlich zu identifizieren.

Wieso dürfen Radiosender vor Radarfallen warnen?

In Paragraf 23 der Straßenverkehrsordnung (»Sonstige Pflichten des Fahrzeugführers«) heißt es:

»Dem Führer eines Kraftfahrzeuges ist es untersagt, ein technisches Gerät zu betreiben oder betriebsbereit mitzuführen, das dafür bestimmt ist, Verkehrsüberwachungsmaßnahmen anzuzeigen oder zu stören. Das gilt insbesondere für Geräte zur Störung oder Anzeige von Geschwindigkeitsmessungen (Laserstörgeräte oder Radarwarner).«

Wieso aber ist dann Rundfunkstationen erlaubt, entsprechende Warnungen über den Sender auszustrahlen?

Der entscheidende – wenn auch nicht unbedingt sehr einleuchtende – Unterschied ist, dass die Radiosender nicht zu einer rechtswidrigen Handlung auffordern, sondern sozusagen auf eine »Gefahrenstelle« hinweisen.

Der Fahrer, der ein Radarwarngerät einbaut, will sich dagegen aktiv der Sanktion entziehen. Mit dem Radarwarner versucht er, jede Verkehrsüberwachungsmaßnahme zu unterlaufen, um vorsätzlich zu schnell fahren zu können.

Radarwarnungen durch Radiosender werden derzeit von Artikel 5 des Grundgesetzes (»Pressefreiheit«) abgedeckt.

»Allerdings werden diese Informationen durch die Kontrollorgane missbilligt«, erklärt das Baden-Württembergische Innenministerium auf Anfrage. Schließlich sei überhöhte Geschwindigkeit die Hauptunfallursache auf deutschen Straßen. Die Bundesländer sind deshalb bestrebt, diese Warnungen in Zukunft untersagen zu können.

Warum ist Bayern ein Freistaat?

In der Nacht vom 7. auf den 8. November 1918 besetzten der Revolutionär Kurt Eisner und seine Anhänger das Gebäude des bayerischen Landtags in der Prannerstraße (heute Kardinal-Faulhaber-Straße) in München. »Bayern ist fortan ein Freistaat«, verkündete der spätere bayerische Ministerpräsident. Der Begriff Freistaat stand dabei für Demokratie und für einen freien Staat – frei von der Monarchie der Wittelsbacher.

»Freistaat« ist also nur ein anderes deutsches Wort für (das französische) »Republik«. Geprägt wurde der Begriff Freistaat von dem aus Südwestdeutschland stammenden Schriftsteller Christoph Martin Wieland. In der Zeit der Weimarer Republik nannten sich ein halbes Dutzend Länder »Freistaat«, darunter auch die heutigen Freistaaten Bayern, Thüringen, Sachsen. Aber auch Mecklenburg-Schwerin und so kleine Länder wie Lippe – bis sie von den Nationalsozialisten gleichgeschaltet wurden.

Nach dem II. Weltkrieg griff Bayern auf den Namen Freistaat zurück. Kurzzeitig übrigens auch Südbaden, bis 1953 das Land Baden-Württemberg gegründet wurde. Sachsen und Thüringen erklärten sich nach dem Ende der DDR wieder zum Freistaat.

Irgendwelche juristischen, steuerlichen oder sonstigen Sonderwege und Privilegien sind damit nicht verbunden.

»Freistaat« ist nicht mehr als ein Begriff, der aus der Tradition stammt und die Volkssouveränität besonders unterstreicht.

Was bedeutet das »Y« auf dem Nummernschild von Bundeswehrfahrzeugen?

Vielleicht »das Letzte von Germany«?

Nein, das ist nur ein alter Bundeswehrwitz. Die Zentrale Militärkraftfahrtstelle (ZMK) vergibt das »Y« für die Bundeswehr, weil keine Stadt und kein Landkreis für den vorletzten Buchstaben des Alphabets Verwendung haben. Denn zwischen »WW« (Westerwald in Montabaur, Kreis Rheinland-Pfalz) und »Z« (Zwickau, Kreis Sachsen) klafft eine Lücke bei den Autokennzeichen.

Wen erreicht man über die Notrufsäule?

Früher die Autobahnmeisterei.

1999 kaufte der Gesamtverband der Deutschen Versicherer (GDV) dem Bund das landesweite Notrufsystem ab. Seither werden eingehende Anrufe von den Callcentern der Versicherungswirtschaft an die zuständige Rettungsleitstelle oder an einen Pannendienst weitergeleitet. Die Mitarbeiter fragen den Anrufer, von wem er sich helfen lassen möchte – vom Hersteller seines Fahrzeugs, von einer Versicherung oder einem Automobilclub.

Die rund 14 000 Notrufsäulen in Deutschland sind auf Autobahnen und abgelegenen Bundesstraßen, Landstraßen und Kreisstraßen zirka alle 500 bis 2000 Meter aufgestellt.

Zusätzlich unterhält die Björn-Steiger-Stiftung 5000 Notrufsäulen. Seit Ende 1999 werden auch die hier eingehenden Anrufe über die Callcenter des GDV abgewickelt.

Warum erstarren Rehe im Scheinwerferlicht?

Über diese simpel erscheinende Frage zerbrechen Zoologen sich seit Jahrzehnten den Kopf. Viele Säugetiere (auch der Mensch) erstarren bei Gefahr für Sekundenbruchteile und entscheiden sich in diesem Augenblick, ob sie die Flucht ergreifen oder sich der Bedrohung stellen.

Rehe, Kängurus und andere von Natur aus wehrlose Arten wie Eichhörnchen aber bewegen sich gar nicht, vielleicht in der Hoffnung, der Angreifer oder Verfolger möge sie übersehen. Bei einem nahenden Auto wird ihnen dieses Verhalten zum Verhängnis.

Wieso herrscht in England Linksverkehr?

Die gängigste Theorie: Im Mittelalter hielten sich Reiter im Allgemeinen an die linke Straßenseite, um für einen entgegenkommenden Angreifer gewappnet zu sein. Denn so konnten sie mit der rechten Hand ein Schwert, einen Degen oder – in späteren Zeiten – eine Pistole führen.

Andererseits könnte man aber auch genau umgekehrt argumentieren: Entscheidend bei einem überraschenden Angriff ist zunächst einmal der Schild – und da Rechtshänder üblicherweise ihre Waffe rechts und einen Schutzschild links trugen, bewegten sie sich auf der rechten Straßenseite, um einem etwaigen Gegner den Schild zuzuwenden.

Also suchen Historiker nach anderen möglichen Gründen für den Linksverkehr.

Zum Beispiel: Ein Rechtshänder besteigt ein Pferd normalerweise von der linken Seite. Das bedeutet, dass man von der linken Straßenseite wegritt. Und auf dem eingeschlagenen Weg blieb.

Wie auch immer: Seit 1835 ist der Linksverkehr in England gesetzlich verankert. In fast 60 Ländern fahren die Autos traditionell auf der linken Straßenseite – überwiegend in den ehemaligen britischen Kolonien, aber auch in Japan und Indonesien.

Und wieso ist das bis heute so geblieben, obwohl es schon längst keine Ritter, Räuber und Reiter mehr auf der Straße gibt? Denn die Mehrheit fühlt sich heute auf der rechten Straßenseite anscheinend wohler.

Einige Historiker sehen darin einen typisch englischen »Spleen« beziehungsweise ein Überbleibsel der »splendid isolation« des Vereinigten Königreichs. Andere führen das Kostenargument an: Den gesamten Verkehr umzuorganisieren – einschließlich der Beschilderung und des notwendigen Umbaus der Autos – sei viel zu teuer.

Wann und wieso aber entschieden sich die übrigen Länder Europas für den Rechtsverkehr? Auch das lässt sich nicht eindeutig beantworten. Eine mögliche Erklärung ist oben schon angedeutet: Fußsoldaten näherten sich ihren Gegnern von rechts, um den Schild vorne zu haben. Auch Lanzenreiter hielten ihre Waffe zwar in der rechten Hand – kämpften jedoch, indem sie nach links über den Hals ihres Pferdes hinweg zustachen.

Die friedliche Variante: Kutscher saßen auf dem Bock bevorzugt links, hielten die Zügel in der linken Hand und schwangen mit der rechten Hand die Peitsche. Um entgegenkommende Fuhrwerke besser sehen zu können, fuhren sie auf der rechten Straßenseite.

Kann man seinen Autoführerschein verlieren, wenn man betrunken Fahrrad fährt?

Man kann.

So geschehen beispielsweise in Karlsruhe: Ein Radfahrer wurde mit 1,68 Promille auf dem Fahrrad erwischt und zu einer Geldstrafe verurteilt. Die Stadt Karlsruhe bat ihn um die Vorlage eines medizinisch-psychologischen Gutachtens (»Idiotentest«). Als der Betroffene mehrmaligen Anforderungen nicht nachkam, wurde ihm der Führerschein entzogen.

Normalerweise wird man in Deutschland den Führerschein wegen »Führens eines Fahrzeugs in fahruntüchtigem Zustand« nur dann los, wenn das Führen dieses Fahrzeugs einen Führerschein verlangt. Das ist beim Fahrrad nicht der Fall.

Ausnahme: Wenn die Behörden den Eindruck gewinnen, dass der oder die Betreffende möglicherweise generell fahruntauglich ist.

Auf den konkreten Fall bezogen: Bei einer Person, deren Blutalkoholwert über 1,6 Promille liegt, kann eine dauerhaft ausgeprägte Alkoholproblematik vermutet werden – weshalb auch Zweifel erlaubt sind, ob die Person überhaupt zum Führen eines Fahrzeugs geeignet ist.

Warum fahren Polizei und Feuerwehr auch nachts mit Sirene?

»Stellen Sie sich bitte einmal vor, dass Sie an einer Hauptverkehrsstraße wohnen. Nachts um drei Uhr fährt mit Tatü-Tata und Radau der Rettungsdienst, die Feuerwehr, das Technische Hilfswerk oder eine andere Hilfsorganisation mit ihren größtenteils freiwilligen und somit ›unbezahlbaren‹ Helfern an Ihrem Haus vorbei. Sie werden sofort wach und denken eventuell:

- Hoffentlich kommen die noch rechtzeitig? Oder:
- Na ja, nach Paragraf 35 der Straßenverkehrsordnung muss der Fahrer ja mit Blaulicht und Martinshorn fahren. Oder:
- Müssen die Idioten wieder so einen Krach machen?«

Anscheinend sind die Rettungsdienste mit unserer Frage schon vertraut, denn diese selbstironische Passage liest man auf der Internetseite des Rotkreuz-Kreisverbands Ingolstadt.

Tatsächlich sind Beschwerden wegen der »Lärmbelastung« durch das Martinshorn zu nachtschlafender Zeit nicht selten.

Die Gesetzeslage ist indes eindeutig: Die notwendigen Sonder- und Wegerechte im Straßenverkehr haben Einsatzfahrzeuge nur, wenn Blaulicht und Martinshorn eingeschaltet sind. Alle übrigen Verkehrsteilnehmer haben dann sofort freie Bahn zu schaffen. Das Blaulicht allein ist hierfür nicht ausreichend – steht in besagtem Paragraf 35 der Straßenverkehrsordnung.

Entschließt sich beispielsweise der Fahrer eines Feuerwehrautos, aus Rücksicht auf die Anwohner das Martinshorn nicht einzuschalten, handelt er »fahrlässig«. Das heißt: Kommt es zu einem Unfall, kann er persönlich zur Haftung herangezogen werden.

»Wir machen diese Aufgabe freiwillig, keiner wird dieses Risiko eingehen, nur damit jemand in Ruhe schlafen kann«, stellt das BRK Ingolstadt denn auch klar.

Und weiter: »Die Rettungsdienste nehmen diese Sonderrechte nicht zum Vergnügen in Anspruch. Jeder Feuerwehrmann ist gewillt, schnell Hilfe zu leisten, doch genauso möchte er auch jeden Einsatz schadlos überstehen.

So kommt er leider nicht umhin, Sie manchmal nachts zu wecken. Während Sie dann allerdings rasch wieder einschlafen können, beginnt für die Einsatzkräfte meist noch ein hartes Stück Arbeit … Jeder kann schnell einmal in die Situation kommen, in der er froh ist, ein Martinshorn so früh wie möglich zu hören.«

Warum heißt das Martinshorn »Martinshorn«?

Der heilige Martin ist der Schutzpatron der Winzer, nicht der Feuerwehrleute oder der Polizisten. Mit dem Kirchenmann hat das Martinshorn also nichts zu tun.

Ursprünglich hieß die auf- und abheulende Fanfare auch

nur »Martin-Horn« – weil sie 1922 von der sächsischen Signal-Instrumentenfabrik Max B. Martin entwickelt wurde.

Weil es leichter über die Lippen geht, wurde daraus das »Martinshorn«, mit einem »s« als verbindendem Konsonant.

Was bedeutet das Schild »TIR« an einem LKW?

Etwa »Ti(e)r«-Transport?

Nein. TIR ist die Abkürzung für »Transports Internationaux Routiers«, zu Deutsch: Internationaler Straßengüterverkehr.

Ein solches Schild zeigt an, dass der LKW am TIR-Verfahren teilnimmt, das »der Erleichterung des internationalen Warentransports mit Straßenfahrzeugen dient«.

Kurz gesagt: Es vereinfacht die Formalitäten im grenzüberschreitenden Güterverkehr.

Neben der TIR-Tafel (vorne und hinten, 25 x 40 Zentimeter) ist dazu ein so genanntes »Carnet« notwendig, ein Zollbegleitscheinheft. Damit können Waren durch das Gebiet einer beliebigen Anzahl von Vertragsparteien befördert werden.

Beispiel: Ein LKW fährt mit seiner Ladung von Deutschland nach Bulgarien. Dabei kommt er durch Österreich, Ungarn und Rumänien. An jeder Grenze befindet sich auf einer Seite ein Ausgangszollamt, auf der anderen ein Eingangszollamt.

Hat der LKW 30 Paletten geladen, dann haben diese 30 Paletten unterschiedliche Absender/Exporteure. Und unterschiedliche Empfänger/Importeure. Mehr noch: Auf einer Palette transportiert der LKW 50 Kartons, die nochmals je einen unterschiedlichen Exporteur/Importeur haben.

Nehmen wir an, der Fahrer hat also insgesamt 100 verschiedene Sendungen in seinem Frachtraum. Verschieden heißt: unterschiedliche Exporteure/Importeure. Und das wiederum bedeutet: 100 Sätze Zollpapiere = Ausfuhrerklärung, Handelsrechnung mehrfach, Ursprungszeugnis, Frachtbrief und vieles mehr.

Bei 100 Sendungen kommen so leicht 500 Blatt Papier zusammen. Und zwar am österreichischen Grenzübergang. Und noch mal an der ungarischen Grenze. Und noch mal ... und so weiter.

Das TIR-Verfahren hingegen wird bei der Abgangszollstelle eröffnet und bei der Bestimmungszollstelle beendet – ohne weitere Zollformalitäten unterwegs.

Was bedeuten die kleinen orangefarbenen Schilder mit Panzer- oder LKW-Symbolen, Zahlen und Pfeilen?

PKW- und zivile LKW-Fahrer brauchen diesen Hinweisen keinerlei Bedeutung beizumessen. Diese Schilder dienen dem Militärverkehr. Sie stehen vor Brücken und zeigen den Rad- und Kettenfahrzeugen der Bundeswehr die MLC-Zahl an (Military Loading Class). Dahinter verbirgt sich die »militärische Lastenklasse«.

Kurz gesagt geht es darum, mit welchem Gewicht die Brücke befahrbar ist, beladen und unbeladen, und ob beide Fahrtrichtungen gleichzeitig benutzt werden dürfen oder nur eine.

Die MLC-Zahl errechnet sich aus der Masse des Fahrzeugs und seinem spezifischen Bodendruck. Ein Kampfpanzer »Leopard 2A5« zum Beispiel hat bei einem Gefechtsgewicht von 59,5 Tonnen die MLC 70.

Wieso sind die Ampelfarben Rot, Gelb und Grün?

20 000 Fahrzeuge, 40 Straßenbahn- und Omnibuslinien, 100 000 Passanten. Und das jeden Tag. Über den Potsdamer Platz in Berlin wimmelte in den 1920ern das höchste Verkehrsaufkommen in ganz Europa.

Folgerichtig nahm die erste Ampel auf dem europäischen Kontinent auch an dieser Stelle ihren Betrieb auf, und zwar am 21. Oktober 1924.

Erfunden worden war die (handgeschaltete) Verkehrsampel zehn Jahre zuvor in Ohio – allerdings noch ohne gelbes Licht. Die Berliner »Urampel« dagegen hatte schon die bis heute übliche Kombination. Die Farben entlehnte man dem Signalwesen auf See, wo seit jeher rote, gelbe und grüne (neben weißen, blauen und schwarzen) Flaggen benutzt werden – und zwar aus Gründen eines abgestuften Kontrastes.

So auch bei der Ampel: Rote Lichtwellen werden durch Regen oder Nebel weniger abgelenkt und gestreut, Rot fällt also am besten auf. Gelbes Licht hat kürzere Wellen als rote Lichtstrahlen. Grünes Licht wiederum ist kurzwelliger als gelbes.

Wie werden die Autobahnen nummeriert?

Auf den bundesdeutschen Autobahnen gilt folgendes System:

- einstellige Nummern: Bundesfernautobahnen, zum Beispiel die A 8 von Perl nach Bad Reichenhall (Gesamtlänge 497 km)
- zweistellige Nummern: Regionalautobahnen, zum Beispiel die A 66 von Wiesbaden nach Fulda (Gesamtlänge 114 km)

- 10er-Nummern = die Region Berlin, Mecklenburg-Vorpommern und Brandenburg
- 20er-Nummern = Schleswig-Holstein und nördliches Niedersachsen
- 30er-Nummern = südliches Niedersachsen
- 40er-Nummern = Nordrhein-Westfalen und nördliches Hessen
- 50er-Nummern = südliches Nordrhein-Westfalen
- 60er-Nummern = Südhessen, Rheinland-Pfalz, Saarland
- 70er-Nummern = nördliches Bayern, Sachsen, Thüringen
- 80er-Nummern = Baden-Württemberg
- 90er-Nummern = Bayern
- dreistellige Nummern: Zubringerautobahnen oder untergeordnete Regionalautobahnen, zum Beispiel die A 620 von Saarlouis nach Saarbrücken (Gesamtlänge 32 km)

Autobahnen mit einer ungeraden Nummer verlaufen in Nord-Süd-Richtung (also vertikal, von »oben nach unten« durch Deutschland oder umgekehrt).

Autobahnen mit einer geraden Nummer verlaufen in West-Ost-Richtung (also horizontal, von »links nach rechts« durch Deutschland oder umgekehrt).

Wieso sieht man auf kilometerlangen Autobahnbaustellen oft weit und breit niemanden arbeiten?

Ärgerlich: Stau wegen Fahrbahnarbeiten. Stau wegen Schallschutzarbeiten. Stau wegen Fahrbahnerweiterung.

Zum Verrücktwerden: Voll eingerichtete Baustellen schlummern scheinbar friedlich vor sich hin. Kein Arbeiter ist zu sehen, nirgendwo wird geteert oder gewalzt, gefräst oder gegraben.

»Wieso ist ein Land, das Astronauten ausbildet und auf den Fachgebieten Teilchenphysik oder Molekularbiologie Nobelpreisträger hervorbringt, offensichtlich unfähig, die Arbeiten an den Autobahnen zu koordinieren?«, fragte sich sogar *Der Spiegel* in einer Titelgeschichte zum Thema »Deutschland im Verkehrschaos«.

Es gibt viele Gründe für die »Geisterbaustellen«, die zwar Absicherungen markieren, Temporeduzierung vorschreiben – doch die Baufahrzeuge stehen still, wenn überhaupt welche zu sehen sind: »Genau wie beim Hausbau muss auf das Material Rücksicht genommen werden und das Wetter mitspielen«, erklärt ein Experte vom Landesbetrieb Straßenbau Nordrhein-Westfalen: »Der Boden muss sich nach Erdbewegungen erst setzen, Beton muss abbinden, Asphalt kann nicht bei völlig nasser Oberfläche eingebaut werden. Winterliche Temperaturen schränken die Bautätigkeit noch weiter ein. Schon bei drei Grad Celsius können Deckschichten nicht mehr aufgebracht werden.«

Außerdem: Wird die Fahrbahn erneuert, liegen zwischen dem Auftragen der verschiedenen Schichten oft mehrere Tage, an denen nichts auf der Baustelle passiert.

Doch auch staatliche Fehlplanung und Missmanagement spielen eine Rolle. Nur selten wird ein Auftrag an einen Generalunternehmer vergeben, der von der Planung bis zur Fertigstellung alle Arbeiten koordiniert. Die Einzelvergabe sei notwendig, behaupten die Autobahnämter, um den Mittelstand zu fördern. Tatsächlich wollen die Baubehörden vor allem ihre Daseinsberechtigung nachweisen, mutmaßen Kritiker – was in der Praxis dazu führt, dass sich die vielen kleinen Firmen gegenseitig behindern.

Einige Verkehrsverwaltungen haben zwar inzwischen ein Bonus-Malus-System eingeführt, um die Straßenarbeiten zu beschleunigen (wer vor dem vereinbarten Termin fertig wird, bekommt mehr Geld, wer bummelt, wird mit Abzügen bestraft); doch weil sich auf den Großbaustellen keiner so richtig für die Terminabsprachen zuständig fühlt, läuft das System ins Leere: Die einen sind vor der Zeit fertig, die anderen erst drei Wochen später.

Und manchmal wird es richtig grotesk: Bisher wird fast überall die Schippe um 17 Uhr aus der Hand gelegt, freitags häufig schon kurz nach Mittag. Einen zeitsparenden Mehrschichtbetrieb und Nachtarbeit einzuführen scheitert oft an Tarifgesetzen oder Lärmschutzverordnungen. Zum Beispiel: Wo von den Kommunen Nachtfahrverbote verhängt sind, kann kein Beton angefahren werden.

Wie schnell fährt ein Auto wirklich, wenn der Tacho Tempo 100 anzeigt?

Höchstwahrscheinlich weniger als 100 km/h.

Denn Tachos dürfen zwar »vorgehen« – aber niemals weniger anzeigen als die tatsächliche Geschwindigkeit.

Der Gesetzgeber legt folgende Formel zugrunde: Ein Tacho bei Fahrzeugen, die nach dem 1. Januar 1991 zugelassen wurden, darf bis zu 10 Prozent des Skalenwerts plus 4 km/h voreilen. Beispiel: Bei Tempo 50 zeigt der Tacho maximal 59 km/h an (50 plus 10 Prozent = 55 plus 4 = 59). Bei Tempo 100 höchstens 114 km/h.

Umgekehrt: Zeigt der Tacho 100 km/h an, dann könnte die Geschwindigkeit des Autos nur 88 km/h betragen.

Da moderne Tachos inzwischen aber recht genau eingestellt sind, liegt die durchschnittliche Abweichung vom tatsächlich gefahrenen Tempo nur bei etwa vier Prozent. Bei 100 km/h auf der Skala wären das also etwa 96 km/h.

Ganz ähnlich ist auch die Messtoleranz einer Radarfalle: Bei den gängigen Geräten zieht die Polizei 3 km/h von der gemessenen Geschwindigkeit ab, wenn das Fahrzeug unter 100 km/h gefahren ist. In einer Tempo-80-Zone mit 90 km/h geblitzt werden heißt 7 km/h zu schnell gefahren (90 minus 3 = 87).

Über 100 km/h beträgt die Messtoleranz 3 Prozent von der gemessenen Geschwindigkeit. Also: In einer Tempo-120-Zone mit 130 km/h geblitzt heißt 6 km/h zu schnell gefahren (130 minus 3 Prozent = 126).

Was nehmen die kleinen Kameras auf, die an Autobahnbrücken hängen?

Big Brother überall?

Nein. Die kleinen solarbetriebenen Apparate an Autobahnbrücken schießen keine Fotos. Sie messen vielmehr mit Sensoren den Verkehrsfluss und die Verkehrsdichte.

Diese Daten fließen in die so genannte »Telematik« ein (»Telekommunikation« plus »Informatik«), das heißt in die »Gesamtheit der Maßnahmen, die mit Hilfe der Übermittlung und Zusammenführung von Informationen und anderen Daten zu einer Verbesserung der Sicherheit, des Ablaufs und der Umweltverträglichkeit des Verkehrs, insbesondere des Straßenverkehrs, beitragen sollen«.

Einfacher ausgedrückt: Die Geräte erfassen zum Beispiel sich abzeichnende Staus und leiten diese Informationen an Navigationssysteme, den Verkehrsfunk oder gebührenpflichtige Telematikdienstleister weiter.

Was sucht ein Marder unter der Motorhaube?

Im Großstadtdschungel bietet der Motorraum eines Autos den kleinen Raubtieren idealen Unterschlupf. Bei ihren nächtlichen Streifzügen ruhen Marder sich hier gerne aus oder verspeisen ungestört ihre Beute.

Allerdings sind Marder sehr neugierig und verspielt. Und unter der Motorhaube gibt es jede Menge interessanter Kabel, Schläuche, Dämm-Materialien oder Kunststoffe, die die Streuner genau untersuchen – aber nicht bloß mit den Augen, sondern vorzugsweise mit ihren Zähnen. Das geht in der Regel noch einigermaßen glimpflich für den Motor aus.

Fatal wird es, wenn ein anderer Marder die Duftmarke erschnuppert, die der Rivale auf seinem »Spielplatz« hinterlassen hat. Dann liefert sich das ausrastende Tier einen stellvertretenden Konkurrenzkampf mit der Motorelektronik und zerbeißt alles, was ihm zwischen die Zähne kommt.

Deshalb: Bei Marderspuren (Pfotenabdrücke auf dem Blech, angeknabberte Zündkabel etc.) sollte das Fahrzeug komplett gereinigt werden, inklusive Motorwäsche.

Über einen wirksamen Schutz gegen den Schrecken aller Autofahrer sind sich die Experten uneins. Unangenehme Gerüche – wie etwa von Toilettensteinen, Mottenkugeln oder Sprays – scheinen die Nager nicht weiter zu stören. Alle Kabel vollständig mit Metall oder Hartplastik zu ummanteln, scheitert am eng begrenzten Platz unter der Haube. Eine Art elektrischer Weidezaun an den Einstiegsstellen des Marders scheint zu funktionieren; aber Strom im Motorraum ist andererseits nicht ganz ungefährlich.

Hundertprozentig abwehren lassen sich vierbeinige Automarder anscheinend genauso wenig wie zweibeinige.

Was ist der Unterschied zwischen Super- und Normalbenzin?

Welches Benzin ein Auto braucht, hat etwas mit der Brennraumgestaltung und dem Verdichtungsverhältnis im Motor zu tun.

Der Motor hat die Aufgabe, die im Kraftstoff enthaltene chemische Energie mit möglichst großem Wirkungsgrad und geringem Schadstoffausstoß in mechanische Energie umzuwandeln. Dazu muss das Luft-Kraftstoff-Gemisch zum einen maximal verdichtet werden; zum anderen darf es erst zu einem ganz bestimmten Zeitpunkt entflammen – dann nämlich, wenn der Kolben den höchsten Punkt während seiner Auf-und-ab-Bewegung im Zylinder erreicht hat (»oberer Totpunkt«). Der entstehende Druck treibt den Kolben wieder abwärts.

Falsches Benzin führt dazu, dass die Luft-Benzin-Mischung im Motor vorzeitig zündet, also vor Erreichen des oberen Totpunkts. Es kommt zu unkontrollierten Spontanverpuffungen, die nicht auf den Kolbenvortrieb gerichtet sind, sondern den Motor erschüttern. Der Fahrer merkt dies deutlich als »Klopfen«. Deshalb wird Kraftstoff nach seiner »Klopffestigkeit« unterschieden.

Das Maß für die Klopffestigkeit von Benzin ist die Oktanzahl. Je höher ein Motor bauartbedingt verdichtet, desto höher muss die Oktanzahl des Benzins sein, um ein Klopfen zu vermeiden, denn diese Ministoßwellen erzeugen hohen Druck und hohe Temperaturen und belasten den Motor erheblich – bis hin zu dauerhaften Schäden.

Der Hauptunterschied zwischen den Ottokraftstoffen liegt also in der Oktanzahl (OZ). Normalbenzin hat mindestens 91 ROZ (»Research-Oktanzahl«), Super mindestens 95 ROZ und SuperPlus mindestens 98 ROZ.

Der vom Fahrzeughersteller angegebenen Kraftstoffqualität mit entsprechender Oktanzahl sollte aus den oben genannten Gründen entsprochen werden. Eine höhere Kraftstoffqualität kann man umgekehrt bedenkenlos tanken.

Verwirrend: Je nach Prüfverfahren der Motoren wird die Oktanzahl manchmal auch in MOZ (»Motor-Oktanzahl«) angegeben, überwiegend in den USA. Dort entspricht Normalbenzin 82,5 MOZ, Super 85 MOZ und SuperPlus 88 MOZ.

Die Kraftstoff-Markengesellschaften ermitteln darüber hinaus auch noch die SOZ (»Straßen-Oktanzahl«), die unter härtesten Betriebsbedingungen – etwa mit gleich bleibend hoher Drehzahl bei Vollgas – gemessen wird. Die so gewonnenen Ergebnisse fließen in die ROZ mit ein.

Woher kommt der Schmutzfilm auf der Innenseite der Windschutzscheibe?

»Fogging« nennt die Autoindustrie das, wenn sich ein klebriger Belag innen auf der Windschutzscheibe bildet. Dieser Begriff kommt vom englischen »Fog« = »Nebel« und tatsächlich haben wir es bei dem Schmierfilm mit den mikrofeinen Ausdünstungen flüchtiger Kunststoffbestandteile zu tun.

Der gesamte Innenraum eines Neuwagens ist voll mit Leim, Lösungsmitteln, Farben, Gummi, Plastik, Textilien, Weichmachern – und alle diese Substanzen geben winzige Mengen ihrer Moleküle in die Luft ab. Besonders im Winter, bei ständiger Warmluftzirkulation im Auto, bildet sich daraus mit der Zeit ein schwer zu entfernender Film.

Tipp: Antibeschlagreiniger plus Küchenpapier verhelfen schnell wieder zu klarer Sicht.

Im Tierpark

Wie trinken Fische?

Sie müssen sogar trinken, denn auch Fische bestehen – wie alle Lebewesen – zu 60 bis 80 Prozent aus Wasser und müssen aktiv Feuchtigkeit aufnehmen, um nicht auszutrocknen.

Aber wie? Ein kräftiger Schluck von dem Lebenselixier, in dem sie schwimmen – und der Durst ist weg? Nicht ganz, denn schließlich ist Wasser nicht gleich Wasser, und es gibt Süßwasser- und Salzwasserfische. Und die legen naturgemäß ein sehr unterschiedliches Trinkverhalten an den Tag.

Süßwasserfische leben im Überfluss – aber auch in ständiger Gefahr. Und diese heißt: »Diffusion«. Darunter versteht man das physikalische Prinzip, dass gelöste Teilchen spontan von Orten höherer Konzentration zu Orten geringerer Konzentration wandern, mit dem Ziel des Konzentrationsausgleichs.

Das bedeutet für Süßwasserfische: Da sie mehr Salz im Körper haben als im umgebenden Wasser vorhanden ist, strömen durch ihre Haut ständig und von allein Wassermassen ins Körperinnere, damit der Salzgehalt des Fisches der Umgebung (dem Süßwasser) angepasst wird. Das Salz saugt also förmlich Wasser in den Fischkörper hinein.

Diesem natürlichen Vorgang müssen Süßwasserfische entgegenwirken, denn zu viel Flüssigkeit würde ihre »Körpersäfte« (Elektrolyte, Harnstoff, Zucker, Aminosäuren und andere Substanzen) lebensbedrohlich verdünnen. Vielleicht würden sie sogar mit der Zeit platzen. Also müssen sie das Wasser schnell wieder loswerden. Sie lassen nur winzige

Mengen davon in die Verdauungsorgane durch und geben den Rest über die Kiemen wieder ab.

Bei Meeresfischen ist es umgekehrt: Sie haben weniger Salz im Körper als im umgebenden Meerwasser vorhanden ist, also arbeitet die Diffusion andersherum: Die gelösten Teilchen wandern unablässig vom (»überversorgten«) Wasser in den (»unterversorgten«) Fischkörper. Der Fisch »klaut« also dem Meerwasser das Salz, allerdings höchst unfreiwillig und nur aufgrund unverrückbarer Naturgesetzmäßigkeiten.

Denn dieser Vorgang ist für das Tier ebenfalls gefährlich – nun könnte der Fisch tatsächlich im Wasser verdursten, weil sein Organismus die großen Mengen von Salz gar nicht verarbeiten kann. Also müssen Salzwasserfische sehr viel trinken, und zwar durch Mund, Schleimhäute und Kiemen. Die Haut hält – anders als bei Süßwasserfischen – das Meerwasser ab.

In ihren Kiemen besitzen Meeresfische spezielle Drüsen, die wie eine Meerwasser-Entsalzungsanlage arbeiten und die aufgenommene Flüssigkeit zu Trinkwasser aufbereiten. Da für Meeresfische das (Trink-)Wasser eine Kostbarkeit ist, scheiden sie zehn- bis hundertmal weniger Urin aus als Süßwasserfische.

Was sind Krokodilstränen?

Damit die Mutter bemerkt, dass es bald so weit ist und das Nest freischaufelt, beginnen kleine Krokodile wenige Tage vor dem Schlüpfen in den Eiern zu quäken, was manchmal ähnlich klingt wie das Weinen eines Babys. Außerdem ist in manchen Filmen zu sehen, dass Krokodile manchmal feuchte Augen haben, als würden sie nur mühsam die Tränen zurückhalten.

Dieses tränenartige Sekret kommt aus einer Drüse dicht hinter dem Augenlid und schützt das Auge des Tiers beim Tauchen.

Doch vermutlich stammen die »Krokodilstränen« aus der afrikanischen Sagenwelt. Im alten Ägypten wurde der Wassergott Sobek als Krokodil dargestellt. Mit wehleidigem Klagen soll er Menschen auf Nimmerwiedersehen in sein nasses Reich gelockt haben. Seitdem werden falsches Mitleid und geheuchelte Trauer mit dem Begriff Krokodilstränen umschrieben.

Wie halten schlafende Vögel sich auf ihrem Ast fest?

Im Schlaf entkrampfen sich normalerweise Muskeln und Sehnen. Bei Vögeln ist das anders. Wenn unsere gefiederten Freunde sich zur Ruhe begeben, wird eine »Klammersicherung« aktiviert.

Und die funktioniert so: Das Körpergewicht des schlafenden Vogels drückt auf die Knie- und Fersengelenke. Dadurch wird die Beugesehne, die über das Knie hinab zur Unterseite der Zehen führt, so straff gespannt, dass sich die Krallen automatisch fest um den Ast oder Zweig schließen, auf dem das Tier sitzt.

Wieso bekommt ein Specht vom Hämmern kein Kopfweh?

Er klopft auf Holz. Mit dem bloßen Schädel. Über 100-mal in der Minute. Bis zu 12 000-mal am Tag. Das würde den stärksten Boxer umhauen. Nicht aber den Specht.

Der bekommt nicht mal Kopfweh, wenn er auf harte Baumstämme einhämmert.

Warum nicht, erklären die Experten der Internet-Wissenschaftszeitung www.spektrumdirekt.de: »Ein ausgeklügeltes Zusammenspiel von Anatomie und Biomechanik beugt dem Kopfschmerz vor: Das drei Gramm schwere Gehirn füllt den Vogelschädel ohne Hirnflüssigkeit fast vollständig aus, sodass es während des Klopfens nicht hin und her schwappt. Das Stirnbein über dem Schnabel ist zudem mit Knochenbalken verstärkt, die Augenzwischenwand zusätzlich verknöchert.

Entscheidend dürfte die federnde Verbindung des Schnabels zum Schädel sein, die wie ein Stoßdämpfer wirkt: Muskeln, die gegen die Schlagrichtung gespannt sind, fangen die Stoßwellen ab und wandeln die Schlagkräfte in Zugkräfte um. Außerdem sitzt der kerzengerade Schnabel unterhalb des Gehirns, sodass die Schläge nicht unmittelbar auf das Organ auftreffen. Eine Taube, bei der Schnabel und Gehirn auf einer Achse liegen, hätte beim Trommeln erhebliche Schwierigkeiten.«

Kurz gesagt: Kräftige Muskeln als Stoßdämpfer und eine Federung wie ein Geländewagen machen den Specht zum schlagenden Beispiel dafür, dass der Kopf nicht ausschließlich zum Denken bestimmt sein muss.

Zusatzfrage: Warum hämmert der Specht eigentlich? Um der Damenwelt zu zeigen, was für ein harter Kerl er ist. Andere Vögel singen – der Specht hämmert.

Wie gefährlich sind Piranhas?

Irgendwo am Amazonas: Das Wasser spritzt und schäumt von Horden hungriger, aggressiver Schwarmfische, färbt sich innerhalb von Sekunden blutrot, vom Opfer bleibt nichts als ein Skelett übrig …

Kräftige Kiefer, Zähne wie Rasiermesser – stimmt.

Gänsehautstorys wie in Hollywoodstreifen à la *Piranhas* oder *Die Rache der Killerfische*?

Na ja.

Menschen und große Säugetiere werden von Piranhas nicht angegriffen. Solange man keine blutenden Verletzungen hat, kann man sogar problemlos in Flüssen, in denen Piranhas leben, baden.

Nur wenn zu viele Piranhas auf engstem Raum leben und die Nahrung knapp wird, können einige wenige Piranhaarten dem Menschen tatsächlich gefährlich werden. Das geschieht vor allem in der trockenen Jahreszeit, wenn das Wasser der Seen und Flüsse immer niedriger wird.

Dann entwickeln die Tropenfische »tatsächlich eine beeindruckende Aggressivität und können für den Menschen zu einer potenziellen Gefahr werden. Aber das Bild, nach dem ›jeder Mensch, der in die Welt der Piranhas eindringt, in wenigen Minuten unweigerlich angegriffen, zerrissen und zu einem Skelett zerstückelt wird‹, gehört in den Bereich der Fabel«, haben Forscher der Universität Lüttich herausgefunden.

Der üble Ruf der »Amazonasmonster« gründet also weitgehend auf einer Legende – ähnlich wie bei Wolf, Hyäne oder Weißem Hai.

Die 15 bis 60 Zentimeter langen Fische mit dem sägezahnartigen Gebiss ernähren sich hauptsächlich von toten Fischen, Vögeln oder Säugetieren und greifen selten größere Tiere an. Angriffslustig werden sie, wenn sie Blut riechen oder ungewöhnliche Bewegungen erspüren, was auf einen verletzten Fisch und somit auf leichte Beute hindeutet.

Wie kommt das Känguru in den Beutel?

Ganz einfach: Es klettert hinein.

Kängurubabys kommen nach nur 30 bis 40 Tagen Tragzeit zur Welt. Der nackte, blinde Winzling krabbelt unmittelbar nach der Geburt außen am Bauchfell seiner Mutter aufwärts in den schützenden Beutel – und zwar immer der Nase nach. Den richtigen Weg findet das Kleine mit Hilfe seines Geruchssinns. Die Mutter legt zuvor eine Speichelspur von der Geburtsöffnung bis zum Beutel.

Warum ist das Faultier eigentlich so faul?

Faultiere bewegen sich wie in Zeitlupe und verpennen bis zu 20 Stunden des Tages. Aus Müßiggang?

Nein. Faultiere ernähren sich von harten Blättern und haben eine sehr komplizierte Verdauung, die viel Kraft kostet – und lange dauert: Bis sich nämlich Magen und Darm die Nährstoffe aus den Blättern geholt haben.

Außerdem haben Faultiere lange Krallen, mit denen sie nur kriechen können.

Übrigens ist der Koalabär (eigentlich ein Beuteltier, kein Bär) um einiges träger, er döst fast rund um die Uhr vor sich hin und bekommt nur zum Fressen die Augen auf.

Das krasse Gegenteil der pelzigen Schlafmützen ist der Tümmler. Diese Delfinart gönnt sich nur eine Stunde Ruhe am Tag. Mauersegler sind sogar ständig aktiv, nahezu ihr ganzes Leben spielt sich in der Luft ab. Manchmal bleiben sie bis zu drei Jahren ohne Unterbrechung in der Luft und scheinen nur hin und wieder im Flug kurz zu schlafen, und auch das nur in großen Höhen.

Woher hat das Meerschweinchen seinen Namen?

Das Meerschweinchen lebt weder im oder am Wasser, noch hat es große Ähnlichkeit mit einem Schwein. Aber es kam über das Meer zu uns – Seefahrer brachten die Streicheltiere aus Mittel- und Südamerika mit. Zur Zeit der Inkas standen die kleinen Nager dort auf der Speisekarte. Und weil ihr Fleisch ähnlich wie das von Schweinen schmecken soll, heißen sie Meerschweinchen.

Wieso legen Hühner ständig Eier?

Die meisten Vögel in unseren Breiten legen einmal pro Jahr im Schnitt vier bis fünf Eier, die sie dann ausbrüten. Ein wildes Huhn schafft etwa 36 Eier pro Jahr, Legehennen dagegen bis zu 300 Eier im Jahr.

Wieso? Weil die Tiere unter »Nestverlust« leiden.

Die Eier werden ihnen täglich weggenommen. Legehennen können so ihren Bruttrieb nie befriedigen, ihre Fruchtbarkeit wird also künstlich erhöht, und sie produzieren ständig Eier.

Außerdem lässt man kommerziell gehaltenen Hennen ein Lichtprogramm angedeihen, das ihnen immerwährenden Sommer vorgaukelt. Weil sie darauf genetisch programmiert sind, legen sie folglich zwölf Monate hindurch ihre zirka 300 Eier. Normalerweise fangen Hühner im Herbst an, sich zu mausern und auf die Winterruhe vorzubereiten.

Wieso sind Hühnereier eiförmig, Schlangeneier aber rund?

Vögel, Reptilien, Fische und Insekten haben eines gemeinsam: Sie legen Eier. Auf ihrem Weg nach draußen werden die

Eier von ringförmigen Muskeln, die sich zusammenziehen und wieder entspannen, durch den Eileiter befördert. Diese Muskelkontraktionen quetschen den vorderen Teil des Eis zusammen und verpassen ihm die typische eiförmige (»ovoide«) Gestalt. Das macht das Legen einfacher.

Ob das Ei nach dem Austritt aus dem Körper die ursprüngliche Kugelform wieder annimmt oder aber ovoide bleibt, hängt davon ab, ob es weich- oder hartschalig ist.

Vögel legen hartschalige Eier, das bedeutet: Mit der Einlagerung von Kalk in die Eihaut wird die ovoide Form dauerhaft fixiert.

Die meisten anderen eierlegenden Tiere (wenn auch nicht alle) produzieren weichschalige Eier mit einer nichtkalkhaltigen Schutzhülle.

Wieso gibt es überhaupt zwei unterschiedliche Arten von Eiern?

Weichschalige Eier von Schlangen, Eidechsen und Insekten werden in der Regel in den Boden oder an feuchten Stellen abgelegt – und dann kümmert sich das Muttertier nicht mehr weiter um sie.

Vögel dagegen legen ihre Eier in so genannte Vegetationsnester ab (zum Beispiel die typischen Baumnester oder auch nur ein zusammengeraffter Laubhaufen) und bebrüten sie darin. Das bedeutet: Das Ei wird oft gewendet, und außerdem sitzt auch noch einer drauf. Deshalb müssen diese Eier hartschalig sein.

Wieso nicken Hühner und Tauben dauernd?

Ständige ruckartige Kopfbewegungen – das hat normalerweise etwas mit Nervosität oder einem Tick zu tun.

Vögel indes leiden weder am »Tourette«-Syndrom – eine

neuropsychiatrische Erkrankung, die durch Ticks charakterisiert ist, benannt nach dem Arzt Dr. Georges Gille de la Tourette, der sie erstmalig beschrieben hat – noch an anderen psychischen Störungen. Was es mit dem seltsamen Verhalten von Tauben, Hühnern etc. auf sich hat, hat der Psychologieprofessor Juan Delius von der Universität Konstanz erforscht (zit. nach www.wissenschaft-online.de):

»Um ein scharfes Abbild der Umgebung wahrzunehmen, sind Tiere – und (...) Menschen – bestrebt, das Bild möglichst stabil auf die Netzhaut zu projizieren. Verschiebt sich nun dieses Bild beispielsweise durch die eigene Körperbewegung, dann fixieren die Augen einen bestimmten Gegenstand, wandern mit ihm mit, um dann, sobald er aus dem Blickfeld verschwindet, sofort zum nächsten Fixierpunkt zu springen. Und genau diese Saccaden (von franz. ›saccade‹ = Ruck) treten auch beim Zugfahren auf, wenn wir zwanghaft versuchen, vorbeirauschende Telegrafenmasten im Blick zu halten.

Eine Taube hat nun ein kleines Problem. Sie kann ihre Augen nur wenig bewegen und kann daher das auf der Netzhaut beim Gehen sich verschiebende Bild kaum mit Augenbewegungen ausgleichen. Daher bedient sie sich ihres Kopfes: Macht sie einen Schritt nach vorne, dann verharrt er, um so das Bild auf der Netzhaut zu stabilisieren. Beim nächsten Schritt schnellt der Kopf dann nach vorn, um von hier aus den nächsten Fixierpunkt anzupeilen.«

Wieso gibt es keine so großen Echsen und Affen wie Godzilla oder King Kong?

Haarige, schuppige oder schleimige Monster bevölkern auch die Fantasie von Filmemachern – und zumeist werden sie ins Riesenhafte fantasiert. In Streifen wie *King Kong*,

Godzilla oder *Tarantula* sind es Affen, Reptilien oder Insekten, die durch Atomversuche oder Umweltgifte zu städtezertrampelnden Großwesen mutieren. Kann es solche Riesenmonster überhaupt geben? Echs-trem unwahrscheinlich, sagt der Saurierforscher Professor Paul Sereno von der University of Chicago. Für ihn markieren die Urzeitechsen mit ihren 50 Metern Länge eindeutig die Obergrenze. Selbst mit zwei Herzen hätten noch größere Tiere das Blut nicht mehr in Kopf und Schwanzspitze pressen können.

Dass es auf der Erde einen Riesenaffen à la King Kong von der Größe eines Hochhauses gibt, verhindert allein schon die Schwerkraft: »Wenn man sich einen Gorilla um das Zehnfache vergrößert vorstellt und die Proportionen beibehält, bedeutet dies, dass die Abmessungen – Länge, Breite und Höhe – um das Zehnfache wachsen«, erklärt das Magazin *Bild der Wissenschaft:* »Das Volumen dieses Riesen stiege entsprechend mit der dritten Potenz an und würde das Gewicht auf das Tausendfache erhöhen. Die Querschnittsflächen der Knochen, die das Gewicht tragen, würden aber nur quadratisch zunehmen, also um das Hundertfache wachsen. Der Druck würde sich demnach bei einer Verzehnfachung aller Abmessungen ebenfalls verzehnfachen. Das Ergebnis: King Kong könnte nicht etwa zehnmal schneller laufen als sein kleiner Bruder, sondern er würde schon nach dem ersten Schritt zusammenbrechen.«

Auch eine Fliege von einem Meter Größe würde am Boden kleben wie ein Felsklotz: Die Flügelflächen hätten sich zwar um das Zehntausendfache vergrößert, dafür aber wäre das Insekt um eine Million Mal schwerer geworden. Die Monsterechse Godzilla könnte in Wirklichkeit ebenfalls nicht buchstäblich in den Himmel wachsen: »Denn mit zunehmender Größe wandert der Schwerpunkt eines Körpers nach oben. Ein großes Lebewesen, das sich auf zwei Beinen fortbewegt, benötigt daher einen feinen Gleichgewichtssinn und motorische Fähigkeiten, damit es nicht stürzt. Außerdem braucht es ein Herz, das noch den höchsten Punkt – normalerweise das Gehirn – mit Blut versorgt. Große Tiere laufen daher meist auf vier Beinen. Damit ist einerseits ihre Körperachse horizontal ausgerichtet, was die Pumpleistung des Herzens weniger beansprucht, und andererseits haut sie so leicht nichts um.«

Wieso schnüffeln Kaninchen ständig mit der Nase?

Das so genannte Naseblinzeln ist eine Art Stimmungsbarometer des Kaninchens. Bewegt sich die Nase sehr schnell (außer bei Hitze und Krankheit), ist das Kaninchen sehr aufgeregt.

Warum lassen Hunde bei heißem Wetter die Zunge heraushängen?

Wenn es uns zu heiß wird, schwitzen wir. Der Schweiß verdunstet auf unserer Haut und verschafft uns Kühlung. Hunde haben ein so dichtes Fell, dass sie sich auf diese Weise nicht abkühlen können. Sie können nur über eine unbehaarte Stelle schwitzen: ihre Zunge. Und deshalb müssen Hunde sie weit aus dem Maul hängen lassen, wenn es ihnen heiß ist.

Auf einer Party

Woher hat das Eisbein seinen Namen?

Sauerkraut mit einem Stück gepökeltem Schwein: die Verkörperung germanischer Esskultur. Eisgekühlt wird es indes nicht serviert – woher also kommt der Name?

Die Erklärung: Die harten Röhren- oder Schienbeinknochen des Schweins wurden von unseren Vorfahren als Schlittenkufen verwendet. In Schweden heißen Knochenschlittschuhe heute noch »isläggor« = Eisbeine. »Eisbein« bezeichnet also eigentlich einen »zum Eislauf geeigneten Knochen«.

Wieso steckt man einen Löffel in den Hals einer angebrochenen Sektflasche?

Weil der Korken nicht mehr passt – und erfahrungsgemäß gerade nichts anderes zur Hand ist als herumliegende Küchenutensilien. Und weil eine offene Flasche des perlenden Edelgetränks uns irgendwie veranlasst, etwas dagegen zu tun. Denn die Sache mit dem Löffel ist letztlich eine wirkungslose Ersatzhandlung.

Nur hermetisch abschließende Korken oder Stöpsel bewahren nämlich den Gasdruck in der Flasche. Kaffee- oder andere Löffel wirken sich dagegen nicht auf die Haltbarkeit von geöffneten Getränken aus. Das ist sogar wissenschaftlich erforscht worden.

Denkbar ist allenfalls, dass ein Löffel aus Metall (Silber o. Ä.) als Wärmeleiter wirkt und den Sekt schneller abkühlen lässt, was mehr Kohlensäure in der Flüssigkeit konserviert. Das funktioniert aber nur im Kühlschrank.

Warum prickelt Champagner auf der Zunge?

Jedenfalls nicht deswegen, weil die perlenden Bläschen zerplatzen, wie viele meinen.

Forscher der University of California haben herausgefunden: Das im Sekt oder Champagner enthaltene Kohlendioxid wird vom Speichel gelöst und in der Zungenschleimhaut in Kohlensäure umgewandelt. Erst diese Säure vermittelt das prickelnde Gefühl.

Im Gegensatz etwa zu Guinness: Die Blasen des irischen Bieres bestehen überwiegend aus Stickstoffgas und hinterlassen auf der Zunge eine wesentlich sanftere Wirkung.

Warum sinken bei manchen Biersorten die Blasen nach unten statt aufzusteigen?

Wer sich zur Abwechslung mal ein Guinness genehmigt und tief ins Glas schaut, wird sich verwundert fragen: Nanu? Sinken die Blasen in dem schweren Dunkelbier tatsächlich nach unten? Gelten für Getränke aus Irland, dem Land der Mythen, Feen und Naturgeister, etwa andere Gesetze? Oder hätte man einfach weniger trinken sollen?

Doch auch bei nüchterner Betrachtung bleibt das Phänomen bestehen, dass Blasen nahe der Glaswand nach unten sinken. Diesen Effekt gibt es bei allen Biersorten, die kleine Blasen bilden und relativ zähflüssig sind (vor allem irische und englische). Bei solchen Bieren bleibt nicht nur der Schaum sehr lange bestehen, sondern die Blasen können sich auch relativ zur umgebenden Flüssigkeit nur sehr langsam bewegen.

Im Inneren des Glases erzeugen die Blasen – wie in jeder Flüssigkeit – einen Auftrieb. Dabei steigen sie wie gewohnt auf, und gleichzeitig ziehen sie die umgebende Flüssigkeit mit. Nahe an der Glaswand dagegen ist der Auftrieb geringer, da die Blasen an der Glaswand anhaften und gebremst werden. So steigt in der Mitte des Glases die Flüssigkeit auf und sinkt am Rand wieder ab, es bildet sich also eine zirkulierende Strömung. Die Blasen am Glasrand werden nach unten mitgezogen; obwohl sie auch dort relativ zur Flüssigkeit aufsteigen, ist die nach unten gerichtete Strömung schneller, und so bewegen sie sich eben nach unten.

Bei dünnflüssigeren Biersorten oder Bier mit großen Blasen ist dieser Effekt dagegen kaum zu beobachten, denn die Blasen können sich freier in der Flüssigkeit bewegen und stets nach oben steigen.

Das ist aber noch nicht alles. Manche Bierblasen können nicht nur sinken, sondern auch tanzen, Schriftzüge bilden oder sich in Kobolde verwandeln, normalerweise freilich erst nach einigen Gläsern. Aber das ist dann eine andere Geschichte, und es wird dann wohl Zeit für den Heimweg – ohne Auto bitte!

Wie entsteht ein »Kater«?

Bis heute ist noch nicht genau bekannt, warum sich viele Menschen nach zu reichlichem Alkoholgenuss am Morgen danach hundeelend fühlen. Wissenschaftler haben jedoch drei mögliche Verursacher für den dumpfen Kopfschmerz und die Übelkeit ausgemacht: Serotonin, Kalzium und Acetaldehyd.

Der Botenstoff Serotonin, der die Adern erweitert, wird durch Alkohol vermehrt freigesetzt. Die Gefäßerweiterung kann die Schmerzsensoren in den Gefäßwänden reizen – ganz ähnlich wie bei einem Migräneanfall.

Alkohol verändert auch den Kalziumstoffwechsel des Körpers. Kalziummangel aber führt zu Misslaunigkeit, nervöser Spannung und beeinträchtigt generell das Wohlbefinden.

Acetaldehyd ist ein Zellgift, das beim Versuch der Leberenzyme, den erhöhten Alkoholspiegel schnell abzubauen, als Zwischenprodukt des Stoffwechsels entsteht und durch die Blutbahn ins Gehirn sickert. Dieses Gift sorgt unter anderem für Kopf- und Magenschmerzen.

Der schlimmste »Kater« faucht übrigens, wenn die Getränke viel Methanol (Industriealkohol) enthalten, also zum Beispiel Brandy, Rotwein, Rum oder Whiskey. Denn Methanol wird in der Leber zu Formaldehyd verarbeitet – ein berüchtigter Giftstoff, der für schlimme Kopfschmerzen sorgt.

Ebenso umstritten ist die Frage, woher der Ausdruck »Kater« eigentlich kommt. Möglicherweise ist »Kater« eine Kurzform von »Katzenjammer«. Andere sagen: »Kater« kommt von »Katarrh« – was eigentlich eine Entzündung der Schleimhäute ist, aber im Volksmund häufig als Synonym für alle möglichen Zipperlein verwendet wird.

Warum wirkt Tee beruhigend, wenn er länger zieht?

In den ersten zwei Minuten nach dem Aufguss gibt der Tee fast sein gesamtes Koffein ab. Danach beginnen die Gerbstoffe des Tees den Muntermacher Koffein zu zersetzen. Zusätzlich haben diese Bitterstoffe auch ihrerseits noch eine beruhigende Wirkung.

Wie entstehen die Farben des Feuerwerks?

Durch verschiedene Chemikalien im Pulver der Raketen: Strontium, Natrium und Kupfersalz für die Grundfarben

Rot, Gelb und Blau, Titan für Weiß. Mischfarben wie Lila oder Orange erhalten die Pyrotechniker, indem sie die genannten Grundstoffe mischen.

Was bedeutet die Bezeichnung »V. S. O. P.« beim Cognac?

»V. S. O. P.« steht für »very superior old pale«, zu Deutsch etwa »sehr exzellent, alt, hell«. Dahinter verbirgt sich eine Alters- und Gütebezeichnung.

Cognac ist ein so genannter »Blend« verschiedener Jahrgänge, deshalb gibt es keine Jahrgangsfüllungen – nur die Reifezeit ist mit gesetzlich vorgeschriebenen Bezeichnungen fixiert. »Blend« bezeichnet eine Mischung aus zwei oder mehr Spirituosen, die in ihrer Zusammensetzung nur geringfügige Abweichungen aufweisen.

Da der Kellermeister bei der Cognac-Herstellung also Brände unterschiedlichen Alters mischt, ist das Etikett so zu lesen:

- V. S. = »very superior«: steht für drei Sterne beziehungsweise für Marken guter Qualität, deren jüngstes Destillat zweieinhalb bis drei Jahre alt ist. Das heißt: Der Cognac muss einen mindestens 30 Monate alten Branntwein enthalten. Im Durchschnitt weist ein solcher Cognac eine Lagerzeit von fünf bis neun Jahren auf.
- V. S. O. P. = »very superior old pale«: Sein jüngster Bestandteil muss viereinhalb Jahre in Fässern gereift sein. Die durchschnittliche Lagerzeit beträgt aber zwischen zwölf und 20 Jahren.
- X. O. = »extra old« (auch »V. V. S. O. P.«, »Vielle Réserve«, »Napoléon« oder »Royal«): Dieser Cognac ist von

außergewöhnlicher Qualität und wurde mindestens sechs Jahre lang gelagert (realiter 40 Jahre und länger).

Was ist die Mehrzahl von »Pizza«?

Das ist eine der 25 häufigsten Fragen an die Duden-Sprachberatung (Telefon 01 90 – 87 00 98; 1,86 Euro pro Minute aus dem deutschen Festnetz, Montag bis Freitag, 9 bis 17 Uhr).

Antwort der Experten: Sowohl »Pizzas« wie auch »Pizzen« ist richtig.

Was ist Magenknurren?

Nach dem Essen sind Magen und Darm in Bewegung, weil sie die Nahrung verdauen müssen. Wenn alles verdaut ist, sind sie nur noch mit Luft gefüllt, die vom leeren Magen und Darm hin und her geschoben wird. Und das ergibt jenes Geräusch, das man Magenknurren nennt.

Warum werden wir nach dem Essen müde?

Werden Organe oder Teile unseres Körpers besonders stark beansprucht, müssen sie stärker durchblutet werden. So brauchen zum Beispiel unsere Beine beim Laufen mehr Blut.

Nach dem Essen werden die Verdauungsorgane besonders beansprucht und benötigen daher eine große Menge Blut. Das wird von Muskulatur und Gehirn abgezogen – und deshalb werden wir nach dem Essen müde.

Wieso wird Gebäck weich, wenn man es offen liegen lässt – Brot aber hart?

Gebäck enthält Zucker – und Zucker hat die chemische Eigenschaft, bei längerer Lagerung Feuchtigkeit aus der Luft aufzunehmen.

Brot dagegen trocknet aus, wenn auch nicht vollständig (siehe auch »Einkaufen: Wieso gefriert bei tiefgekühltem Waffeleis die Waffel nicht?«).

Eine weitere Rolle beim Altbackenwerden des Brotes spielt die Stärke. Dieses Kohlehydrat wird mit der Zeit abgebaut, dadurch rücken die übrigen Inhaltsstoffe enger zusammen, und das Brot wird härter.

Wieso gibt es kaum weibliche Spitzenköche?

Sterneköchin Susanne Vössing, bekannt aus dem »Kochduell« beim TV-Sender »Vox«, erklärt dieses Rätsel mit der schwierigen Vereinbarkeit von Familie und Beruf. Denn »so wie es im Büro- oder Angestelltenjob möglich ist, trotzdem noch Kinder zu haben, geht das in einem 16-Stunden-Kochjob nicht«.

In der Tat machen viele berühmte Spitzenköche weniger ihr Talent oder besondere lukullische Geheimnisse für ihren Erfolg verantwortlich – sondern »Kompromisslosigkeit«, »Perfektion« und »Willenskraft« seien notwendig, um einen Ruf als Küchenkünstler Tag für Tag aufs Neue zu verteidigen.

Mit anderen Worten: Das Topf-an-Topf-Rennen zu den (Restaurant-)Sternen ist ein echter Knochenjob, der oft erst weit nach Mitternacht endet.

Da kann einem die kochende Leidenschaft durchaus vergehen.

Zu Hause

Warum knackt es beim Lichteinschalten im Radio?

Wenn wir das Licht anknipsen, gibt es im Schalter einen elektrischen Funken. Und jeder elektrische Funke sendet elektromagnetische Wellen aus. Die Radioantenne nimmt diese Wellen auf, sie wandern durch das Gerät und werden schließlich im Lautsprecher zu einem hörbaren Knacken verstärkt.

Warum frisst die Waschmaschine Socken?

Weil in der Waschmaschine ein Socken fressendes Monster haust, das sich wahllos auf sein Futter stürzt. Diese Antwort gab jedenfalls ein aufgeweckter Sechsjähriger dem Bamberger Psychologen Dr. Christoph Bördlein, als der mit wissenschaftlicher Akribie jenem Phänomen nachging, das Angelsachsen als »single socks phenomenon« beschreiben und Japaner »ruzu sokusu« nennen: Nicht nur dass überhaupt Socken verschwinden, es verschwindet merkwürdigerweise immer nur eine Socke.

Andere Experten ziehen andere Möglichkeiten in Betracht: Kleinteile wie Socken oder auch Unterwäsche oder Babykleidung werden in einen Spalt zwischen Manschette und Trommel gedrückt, der sich auftut, wenn die Waschmaschine überladen ist. Also eine Art bauartbedingtes Bermudadreieck. Das kommt allerdings sehr selten vor und die Wäschestücke tauchen dann im Bottich unter der Trommel wieder auf.

Oder: Der zweite Socken ist gar nicht mitgewaschen worden. Oder: Er ist eingelaufen und nicht mehr wieder zu erkennen. Oder: Er versteckt sich in Bett- oder Kopfkissenbezügen.

Im Frühjahr 2004 legte der Münsteraner Designstudent Boris Grunwald eine 72-seitige Diplomarbeit zum Thema »Mythos Socke« vor. Doch auch Grunwald konnte »trotz aller Anstrengungen« nur »unscharf« klären, auf welchem Wege einzelne Socken letztlich verschwinden – um später an ganz anderer Stelle wieder aufzutauchen. Oder eben nie wieder.

Das plötzliche Wiederauftauchen erklärt der junge Mann durch »einen Quantensprung in Verbindung mit der Heisenberg'schen Unbestimmtheitsrelation«. Andere Socken seien wohl von Aliens verschleppt worden. – »So viel zur Wissenschaftlichkeit der Arbeit«, merkte *Der Spiegel* etwas enttäuscht an.

Wie auch immer, die Lösung des Problems geistert schon durchs Internet: Das Tripel-Socken-Pack muss endlich auf den Markt kommen!

Woraus besteht eigentlich Staub?

Alles ist vergänglich: Kunststoff nutzt sich ab, Metall rostet, Papier zerfällt. Normaler Hausstaub setzt sich meistens zusammen aus Teppich- und Textilfasern, Nahrungsmittelresten, aus winzigen Partikeln toter Insekten, Schimmelpilzen, Ausscheidungen von Spinnen, Schaben, Milben. Außerdem hinterlässt jeder Mensch ein Pfund Hautschuppen pro Jahr. Kurz gesagt: Staub enthält im Kleinen alle Dinge, die uns im Großen umgeben.

Wie klein? Ein Staubkorn ist rund 150-mal dünner als ein Haar und wiegt ungefähr ein hundertbilliardstel Gramm.

Warum tragen Maler weiße Arbeitskleidung?

Farbspritzer auf einer Malerjacke – das sticht hervor wie Ketchup auf der weißen Schürze des Küchenchefs. Wäre es also nicht sinnvoller, im Blaumann daherzukommen? Nicht unbedingt. Weiß ist die Farbe der Reinheit und steht für Sauberkeit, was wiederum das höchste Ziel der Zunft ist. Motto: »An mir klebt keine Farbe, also mache ich meine Arbeit gut.«

Außerdem hantieren Maler bei 70 bis 80 Prozent ihrer Aufträge mit weißer Farbe. Gips, Kalk, Mörtel und Binder sind ebenfalls weiß – auf der weißen Maleruniform fallen Staub und Flecke kaum auf. Weitere Vorteile: Weiße Kleidung ist leichter und billiger zu reinigen als gefärbte. Und sie ist angenehmer zu tragen als dunkle, wenn im Sommer die Sonne vom Himmel knallt.

Wieso vergeht der Badeschaum so schnell?

Wenn Wasser bewegt wird, kommt Luft hinein und es entstehen Blasen – auch ohne Seife. Gibt man nun Badegel dazu, bildet sich um die zahllosen kleinen Luftblasen herum eine dünne Schutzhaut – und man bekommt Schaum. Die Substanz, die sich stabilisierend um die Luftblasen legt, heißt Tenside. Doch Wasser bleibt nie lange dort, wo es ist. Es fließt sehr bald zwischen den einzelnen Blasen ab und nimmt dabei die Tenside mit. Plopp – die Blasen zerplatzen.

Warum fällt das Brötchen immer mit dem Belag nach unten?

Das ist eine Regel aus jener Sammlung von Verliererspüchen, die als »Murphys Gesetz« bekannt sind – ebenso wie der Satz: »Alles, was schief gehen kann, geht auch schief.«

Doch die Sache mit dem belegten Brot stimmt meistens tatsächlich.

In der Regel fällt uns die Scheibe Brot aus der Hand oder vom Tisch – und in beiden Fällen zeigt natürlich der Belag nach oben.

Beim Fallen verlagert die Brotschnitte ihren Schwerpunkt in den freien Raum und erhält zugleich einen Drehimpuls um die eigene Achse. Diese Rotation entsteht durch das Abkippen über die Handkante. Die Fallhöhe reicht in der Regel aber nicht für eine vollständige Umdrehung, da die meisten Tische ähnlich hoch und zum Beispiel Toastbrotscheiben immer gleich groß sind. Also landet das Teil auf der belegten Seite. Ärgerlich.

Um das zu verhindern (also um eine volle Umdrehung der Brotscheibe im freien Fall sicherzustellen, sodass sie wieder mit der beschmierten Seite nach oben landet), müsste ein Tisch uns etwa bis zur Schulter reichen. Oder aber die Brotscheiben müssten eine Diagonale von exakt 2,5 Zentimetern haben.

Wieso quietschen Türen?

Wegen der so genannten Torsionskräfte: Wenn eine Tür Rost ansetzt, haften Tür und Rahmen zeitweise aneinander. Wird die Tür bewegt, führt das jedes Mal zu mikroskopisch winzigen Verbiegungen im Material.

Diese Verbiegungen sind aber nicht dauerhaft, sondern schwingen wieder in den ursprünglichen Zustand zurück. Dabei verursachen sie Vibrationen, die wiederum in der Luft Schallwellen erzeugen. Diesen Schall nehmen wir als Quietschen wahr. Ein Tropfen Öl im Scharnier verhindert allerdings zuverlässig besagte Haftung.

Warum werden Kristallgläser in der Spülmaschine trüb?

Kristallgläser sind so klar, weil ihre Oberfläche extrem glatt ist – dafür sind sie aber weicher als normale Gläser. Schon der teilweise hohe Kalkgehalt unseres Wassers kann ihre Strukturen angreifen. Außerdem enthalten viele Maschinenspülmittel Scheuerpulver, das den Kristallgläsern mikroskopisch kleine Kratzer zufügt und so den Glanz vermindert. Dagegen hilft ein Spülmittel ohne scheuernde Bestandteile. Besser: Von Hand spülen, mit wenig Spülmittel und warmem Wasser.

Warum haben Waschmaschinen ein Fenster, Geschirrspüler nicht?

Vielleicht, damit wir dem Geheimnis der verschwundenen Socke nachspüren können?

Nicht nur unter diesem metaphysischen Aspekt ist das Waschprogramm leidlich interessant: Alles dreht sich, schäumt und blubbert ... Und manchmal kann man schön beobachten, wie eine Jeans im falschen Waschgang die ganze Wäsche blau färbt.

Dagegen ist ein Geschirrspüler eine recht langweilige Kiste – da wird nur Geschirr abgebraust, und außer einer bespritzten Scheibe würde man von diesem Vorgang eh nicht viel sehen.

Außerdem werden Geschirrspülmaschinen von den Herstellerfirmen vollständig verkleidet, weil sie als Einbaugerät in der Küche stehen und sich einheitlich in die Küchenfront einpassen sollen.

Dem könnte man freilich entgegenhalten, dass der Backofen oder die Mikrowelle daneben auch ein Sichtfenster haben, ein Geschirrspüler-Bullauge würde also vermutlich niemanden wirklich stören. Also bleibt die Sache mysteriös. Oder?

Im »Fragezeichen-Forum« der Zeitschrift *Stern* heißt es lapidar: »Beim Geschirrspüler ist ein Fenster nutzlos; man kann zwar dumm aus der Wäsche gucken – aber nicht aus dem Geschirr.«

Wieso klebt Klebstoff nicht innen an der Tube fest?

Weil Kleber Feuchtigkeit in Form von Wasser oder anderen wasserstoffhaltigen Verbindungen benötigt, um zu haften. Er nimmt Feuchtigkeit schon aus der Luft auf, sobald er aus der Tube kommt. Und weil zum Beispiel unsere Haut warm und feucht ist, haftet Klebstoff auch so besonders gut an unseren Fingern.

Woher kommt der Schmutzrand an der Badewanne?

Jedenfalls nicht zwingend vom Körperschmutz. Er wäre auch dann vorhanden, wenn wir ganz sauber in die Wanne steigen würden.

Das Ganze hat etwas mit Seife und hartem, also mineralstoffreichem Wasser zu tun. Denn die Seifenmoleküle verbinden sich mit den Mineralien zu wachsartigen, haftenden Klumpen.

Weshalb bildet sich auf Milch beim Erhitzen Haut?

Milch besteht aus Eiweiß. Eiweiße gerinnen beim Erhitzen, das heißt: Fett- und Wassermoleküle trennen sich, das Fett steigt an die Oberfläche, weil es leichter ist als Wasser. Dort verbinden sich die Fettmoleküle zu einer festen Haut.

Wieso sprudelt kochendes Wasser?

Ein Topf mit Wasser wird dort am schnellsten heiß, wo er mit der Herdplatte Kontakt hat – also am Boden. Ist dort die Siedetemperatur von 100 Grad erreicht, geht das Wasser in den gasförmigen Zustand über. Es bildet sich also Wasserdampf, der in Blasenform zur Oberfläche sprudelt.

Wie kommt die Dampfnudel zu ihrem Namen?

Eine Dampfnudel ist eine Mehlspeise, keine Nudel.

Im Mittelhochdeutschen aber verwendete man das Wort »Nudel« nicht nur für Pasta, sondern ganz allgemein für verdickte Formen. Auch Knödel waren damals »Nudeln«. Deshalb heißt der Teigklops seit dem 17. Jahrhundert »Dampfnudel«.

Warum soll man Spinat nicht wieder aufwärmen?

Davor warnte die Großmutter stets mit erhobenem Zeigefinger: Spinat nicht wieder aufwärmen, hieß es.

Für Kleinkinder unter einem Jahr mag das in der Tat ratsam sein. Ab diesem Alter jedoch ist das Ganze unbedenklich. Spinat enthält Nitrat, das beim Stehenlassen der Spinatreste von Bakterien in das potenziell gesundheitsschädliche Nitrit umgewandelt wird. Dieser Stoff kann mit dem roten Blutfarbstoff reagieren und den Sauerstofftransport stark beeinflussen – allerdings nur bei Säuglingen im Alter von bis zu sechs Monaten, weil deren Enzymsystem noch nicht ausgereift ist.

Großzügig gerechnet, stellt Nitrat/Nitrit also nach dem ersten Lebensjahr keine Gefahr für den menschlichen Organismus mehr dar.

Darf man Pilze aufwärmen?

Noch ein Rest von der köstlichen »Pasta ai funghi« im Topf?

Lieber nicht aufwärmen, denken Sie, zu gefährlich.

Nicht unbedingt.

Vorsicht ist geboten, wenn die Pilze aus hiesigen Wäldern und Feldern stammen. Sie sind mit ihrem hohen Gehalt an Wasser und Eiweiß ein idealer Nährboden für Schimmelpilze und Mikroben. Die können im schlimmsten Fall zu Vergiftungen führen.

Bahn frei für den Zweitgenuss heißt es dagegen bei Zuchtpilzen wie Champignons oder Austernpilzen. Allerdings sollten die Pilze sehr frisch sein, also keine Verfärbungen aufweisen und eine schleimfreie Oberfläche haben.

Nach der Zubereitung sollten die Pilze rasch abkühlen, am besten in Eiswasser. Mit dem Aufwärmen – bei mindestens 70 Grad – nicht länger als einen Tag warten.

Warum tränen die Augen beim Zwiebelschneiden?

Die Bildung des tränenreizenden Faktors ist mit dem Geschmacksstoff Thiosulphinat verknüpft. Konkret: Die Zwiebel enthält bestimmte Stoffe, die ins Auge gehen. Solange die Zwiebel unversehrt auf dem Hackbrett liegt, gibt es weder den Geschmacksstoff noch den Tränenfaktor. Beim Zerschneiden aber kommt alles miteinander in Berührung und eine chemische Kettenreaktion setzt ein, in deren Verlauf das Enzym Alliinase schwefelhaltige Verbindungen spaltet.

Dabei entsteht das leichtflüchtige Thiosulphinat, das zuerst in die Nase steigt und von dort aus das Wasser in die Augen treibt. Denn die Augen reagieren auf den ätherischen Stoff wie auf alle Fremdkörper: Sie produzieren eine Flüssigkeit, die die Eindringlinge herausspülen soll. Und schon kullern die Tränen.

Japanische Forscher wollen mittlerweile auch das Gen entdeckt haben, das den »Tränenfaktor« in der Pflanze einlagert. Indem sie dieses gentechnisch verändern, hoffen sie, tränenreizfreie Zwiebeln zu erhalten.

Wieso wird bei Gewitter die Milch sauer?

Die Hausfrauenregel bezog sich dereinst wohl auf Milch, die im Sommer offen in einer Schale am Fenster stehen gelassen wurde, um Sauermilch herzustellen. Offene Milch am Fenster wird nämlich von Bakterien kontaminiert und deshalb rasch und ohne künstliche Keimzugabe spontan sauer.

Festzuhalten ist also zunächst einmal: Milch wird aufgrund der Aktivitäten von Milchsäurebakterien sauer.

Und: Sommergewitter bilden sich, wenn es warm ist und eine hohe Luftfeuchtigkeit herrscht.

Alles weitere erklärt uns »Professor Blumes Bildungsserver für Chemie« der Universität Bielefeld: »Die Bakterien müssen erst einmal über den Luftweg in die Milch gelangen. In welchem Umfang das geschieht, ist eine Frage der Luftfeuchtigkeit, also der Schwüle der Luft. In feuchter Luft sind mehr Bakterien enthalten als in trockener Luft. Wenn sie dann in der Milch sind, müssen sie wachsen und sich vermehren. Das wird durch Wärme gefördert.

Damit wird deutlich, dass die Wetterlage mit Tendenz zur Gewitterbildung besonders förderlich ist für das Sauerwerden der Milch. Dagegen gibt es nur eines: Kühlhalten der gut verschlossenen Milchflasche. Denn andererseits brauchte man auch Frischmilch – z. B. für Kind, Kaffee oder Kuchen.

Heute gibt es pasteurisierte Frischmilch zu kaufen. Diese

wird (obwohl im Kühlschrank in verschlossenen Tetrapacks aufbewahrt) ebenfalls sauer, wenn auch erst nach einigen Tagen. Beim Pasteurisieren werden nämlich nicht alle Keime abgetötet, sondern für eine gewisse Zeit inaktiviert. Die Keime fangen langsam an, sich zu erholen und zu wachsen.

Wenn es richtig warm ist, also warme Gewitterluft da ist, verläuft der Prozess des Sauerwerdens auch hier schneller. Im Kühlschrank dauert es natürlich etwas länger. Der Effekt, dass Milch in der Gewitterluft schneller sauer wird, ist deshalb nicht so deutlich wie bei der offenen Milch. Aber manchmal war die Milch nach dem Kaufen der Sommerwärme ausgesetzt, ohne dass es einem bewusst wird, zum Beispiel bei der Rückkehr vom Kaufmann. Wenn man eine solche Milchtüte nur einmal kurz öffnet, kann da schon einiges an aktiven Keimen aus der warmen Gewitterluft hineingelangen.«

Zusammengefasst: Gewitter scheinen der Milch eigentlich egal zu sein (wenn auch manche Experten meinen, dass sehr langwellige, kurze elektromagnetische Impulse von Gewitterfronten eventuell auch auf die Bakterien in der Milch einwirken könnten). Was sie wirklich sauer macht, ist die Schwüle, also die Temperaturen, die in der Regel vor einem Gewitter herrschen.

Warum fressen Hunde im Stehen, während Katzen oft über ihrem Futter kauern?

So genau weiß das niemand. Mit einiger Wahrscheinlichkeit ist die Antwort aber bei den Vorfahren unserer beiden beliebtesten Haustiere zu suchen.

Hunde sind Rudeltiere. Vor ihrer Zähmung durch den Menschen jagten sie in freier Wildbahn. Um die erlegte Beute gab es wohl regelmäßig heftiges Gerangel zwischen den einzelnen Tieren. Um sich jederzeit verteidigen und behaupten zu können, fraßen Hunde hastig im Stehen. Auch als Haustier betrachtet der Hund die Familie, bei der er lebt, als »Rudel« und das »Herrchen« oder »Frauchen« als übergeordneten Führer. Obwohl ihnen ihr Fressen von diesen nicht streitig gemacht wird, haben Haushunde die alte Gewohnheit nicht abgelegt.

Katzen dagegen sind meist Einzelgänger. Nur die afrikanischen Löwen leben im Rudel, alle anderen Wildkatzen gehen alleine zur Jagd und können ihre Beute relativ ungestört verzehren. Vermutlich wegen dieses uralten Erbes lassen sich unsere Hauskatzen beim Fressen nieder.

Wieso fressen Katzen gerne Fisch?

Obwohl die Stubentiger ansonsten eher wasserscheu sind?

Vermutlich liegt auch das in ihren Genen. Der Vorfahre unserer Hauskatzen, die afrikanische Falbkatze, lebte an den Ufern des Nils. Wenn sich der Strom nach den alljährlichen Überschwemmungen wieder in sein Bett zurückzog, blieben Unmengen Fische und Krebse am Ufer zurück – ein Festmahl für die Falbkatze, die sich ansonsten mit eher schmaler Kost begnügen musste. Diesen Heißhunger auf Fisch vererbte sie an alle samtpfötigen Nachkommen.

Weshalb springen Goldfische manchmal aus dem Aquarium?

Möglicherweise schnappen sie nach Fluginsekten, die über dem Wasser kreisen.

Eventuell halten sie die Luft auf der anderen Seite der Glaswand auch für Wasser.

Vielleicht können sie die Größe ihres Refugiums nicht richtig einschätzen und schießen im wahrsten Sinne des Wortes übers Ziel hinaus.

Sogar ein noch unbekanntes Balz- oder Revierverteidigungsritual schließen Experten nicht aus.

Warum ächzen und stöhnen alte Häuser?

Selbst das scheinbar stabilste Gebäude befindet sich niemals im Ruhezustand. Denn: Die Erde gibt unter der Last des Hauses nach. Holz und Beton senken sich. Bei warmem Wetter kann sich ein Haus erheblich ausdehnen, bei kaltem zieht es sich zusammen. Dies und vieles mehr verursachen mit der Zeit auch Geräusche.

Warum ekeln wir uns vor Spinnen?

Psychologen mutmaßen, dass sich Spinnen aufgrund mehrerer Aspekte besonders gut als Objekt der Angst und des Ekels eignen: Die wichtigste Rolle spielt dabei natürlich das Aussehen, denn je mehr ein Tier vom Körperschema des Menschen abweicht, desto eher erzeugt es Schrecken. Ein zweiter Faktor sind die ruckartigen, unvorhersehbaren Bewegungsänderungen von Spinnen. Und die Tatsache, dass sie plötzlich auch über unseren Köpfen an der Decke auftauchen.

Wieso klebt der Duschvorhang an der Haut?

Jeden Morgen das gleiche Spiel: Kaum ist das Wasser aufgedreht und das erfrischende Nass rieselt über den Körper, rückt er immer näher: der Duschvorhang. Er klebt sich wie von magischer Hand geführt an die Beine. Angenehm ist das nicht gerade – warum tut der Duschvorhang das?

Das österreichische TV-Magazin »25« ging der Sache nach. Ergebnis: Das merkwürdige Eigenleben des Vorhangs hat verschiedene Gründe.

»Zunächst erzeugt das nach unten strömende Wasser einen Unterdruck. Der Vorhang wird dadurch nach innen gesaugt. Mit statischen Ladungen hat das nichts zu tun.

Zusätzlich sind Luftwirbel wie kleine Tornados für die zudringlichen Vorhänge verantwortlich: Die Reibungskräfte zwischen den Tropfen und der Luft bremsen das herabströmende Wasser. Durch diese Verzögerung bilden sich Unmengen kleiner Wirbelstürme, die jeder für sich am Vorhang zerren und ihn nach innen ziehen.«

Das erstgenannte Phänomen ist schon lange bekannt – als »Bernoulli-Effekt«. Die Sache mit den Minitornados hat erst kürzlich der amerikanische Ingenieurwissenschaftler David Schmidt von der University of Massachusetts mit einer aufwändigen Computersimulation herausgefunden.

Warum beißen Hunde Briefträger?

Tatsächlich werden in Deutschland jedes Jahr rund 3500 Briefzusteller von Hunden gebissen und damit führen sie die Statistik an (am zweithäufigsten erwischt es Schulkinder). Ersatzboten und neue Hosen kosten die Post mehrere Millionen Euro.

Schuld ist die feine Nase der Vierbeiner. Sie erschnüffeln am Briefträger die Gerüche all jener Häuser, in denen er zuvor gewesen ist – und auch die der dort gehaltenen »feindlichen« Artgenossen. Wenn dann noch der Angstschweiß des Postboten duftet, passiert's. Denn wenn wir Angst vor

Hunden haben, merken die Tiere das. Die Hunde versuchen dann die Gunst der Stunde auszunutzen, in der (wenn auch nur eingebildeten) Rudelhierarchie aufzusteigen, und zeigen sich besonders dominant.

Warum heißen die meisten Wellensittiche »Hansi«?

Es stimmt: Nach einer Umfrage des Webportals www.sittiche.de führt »Hansi« tatsächlich die Hitliste der beliebtesten Wellensittichnamen an – vor »Tweety« und »Micky«.

Sicher, es gibt auch Wellensittiche, die nonkonformistisch »Fabian«, »Florian« oder gar »YlangYlang«, »Zombie« oder »Spinatwachtel« heißen; aber »Hansi« hält sich hartnäckig auf dem ersten Platz.

Eine interessante Diskussion zu diesem Thema mit drei unterschiedlichen Theorien gab es im Forum www.ciao.com:

Theorie 1: Der Sprechfaktor

»Dass Vögel fast immer Hansi, Bubi oder Peter heißen, ist meiner Meinung nach eine Art Tradition, die sich im Laufe der Zeit entwickelt hat. Ein Grund dafür könnte sein, dass viele Leute versuchen, den Vögeln das Sprechen beizubringen. Da die Vögel am besten einfache Wörter mit eindeutig klingenden Silben erlernen, weil sie die Buchstaben a, i, e und so weiter am besten verstehen, liegen ja Namen wie Hansi, Bubi oder Peter nahe.«

Theorie 2: Der Niedlichkeitsfaktor

»Man nennt sie mit diesen Namen, weil sie so süß und possierlich sind. Menschennamen sind da nicht so toll …

Stell dir mal vor, du hast einen (männlichen) Vogel, der sieht aber trotz seiner Männlichkeit immer noch klein, mickrig und überhaupt wie ein armes Häufchen aus, da brauchst du doch jetzt einen männlichen Namen, der nicht auch noch durch den Kontrast die Mickrigkeit deines Vogels betont (wie es bei Carlo der Fall wäre). Also wählst du einen Namen, der zwar männlich ist, aber nicht so klingt, Hansi eben, oder Peter, das klingt nicht nach geballter Manneskraft, und die hat der Vogel ja auch nicht.«

Theorie 3: Der Medienfaktor
»In den ersten Schwarzweißfilmen der frühen 60er Jahre kamen ab und zu Kanarienvögel vor, die alle Hansi hießen, und – das ist wichtig – nur die Wellensittiche aus den Filmen der 70er hießen Peterle. Auch die ersten TV-Dackel der Heimatfilme hießen alle Waldi. Die Zuschauer fanden das superniedlich damals und ahmten diesen Trend nach.«

Nicht repräsentativ diese Debatte – aber vermutlich hat jeder der drei Vogelfreunde ein bisschen Recht, und die Wahrheit liegt irgendwo in der Mitte.

Was klackert in einer Farbspraydose?

Was beim Schütteln einer Lackspraydose so scheppert, sind metallene Mischkugeln. Diese werden benötigt, um die Pigmente (Farbstoffe) aufzuschütteln und eine homogene Farbmischung zu erreichen.

Die Anzahl der Mischkugeln ist unterschiedlich, je nach Pigmentierung des Lackes.

- Klarlack benötigt keine Kugeln, da er keine Pigmente enthält.
- Für einen NC-Lack (auch »CN«- oder »Nitro-Lack« =

schnell trocknender Lack für den Inneneinsatz), der gering pigmentiert ist, benötigt man zwei kleine Kugeln.

- Ein Auto-Basislack Metallic enthält wegen seiner Metallteilchen vier kleine Kugeln.
- Eine Grundierung, die in der Regel hoch pigmentiert ist, enthält vier kleine Kugeln und eine große.

Wieso lässt sich der Kühlschrank nach dem Schließen nur mit einigem Kraftaufwand sofort wieder öffnen?

Wenn wir den Kühlschrank öffnen, fließt kalte Luft ab. Zugleich strömt warme Raumluft in den Kühlschrank hinein. Diese kühlt rasch ab, sobald wir die Kühlschranktür zumachen. Abkühlende Luft zieht sich zusammen, es entsteht also für kurze Zeit Unterdruck, der wie ein Sog wirkt und die Kühlschranktür von innen ansaugt beziehungsweise festhält.

Das ist so ähnlich wie im Auto, nur umgekehrt: Wenn wir während der Fahrt auf der Autobahn das Fenster öffnen, entsteht am Fensterschlitz eine Sogwirkung nach außen.

Wieso vertauscht ein Spiegel links und rechts, aber nicht oben und unten?

Die Frage ist falsch gestellt, denn ein Spiegel kehrt gar nichts um – auch nicht links und rechts. Was ein (ebener) Spiegel vertauscht, ist bloß vorne und hinten. Unsere rechte Seite bleibt im Spiegelbild rechts.

Weil wir aber unser gespiegeltes Gesicht vor uns sehen und als reales Bild betrachten, geht unser Wahrnehmungsapparat irrtümlich davon aus, die Person, die wir da vor uns sehen, muss sich – damit ich sie so sehen kann, wie ich sie sehe – um 180 Grad um ihre senkrechte Achse gedreht haben, sodass ihre »wahre« rechte Seite im Spiegelbild links ist.

Wie oft kann man Altpapier recyceln?

Beim Altpapierrecycling werden Papier, Wellpappe und Kartons in Wasser aufgelöst (»eingesumpft«), mechanisch zerkleinert, von Fremdteilen befreit und dann »de-inkt« (von englisch »ink« = Tinte).

»Deinking« heißt, die vorhandene Druckerschwärze im Altpapier herauszulösen, damit das Papier später möglichst weiß wird. Diesen Vorgang machen Altpapierfasern höchstens sechs- bis siebenmal mit, dann werden sie brüchig.

Deshalb werden jedem Altpapier-»Sumpf« zirka 18 Prozent Frischfasern beigemischt, um einen »Recycling-Kollaps« zu vermeiden.

Wieso steigen die Müllgebühren, obwohl die Deutschen Weltmeister im Recyceln sind?

Das Bundesumweltministerium höchstselbst hat uns den Titel »Recycling-Weltmeister« verliehen. Denn: In Deutschland wird mehr verwertet als weggeworfen. Die Bundesrepublik erreicht die höchsten Recyclingquoten im internationalen Vergleich, insbesondere bei Glas (82 Prozent), Papier (60 Prozent), Weißblech (80 Prozent), Aluminium (83 Prozent) und Bioabfällen.

Es gibt also zunehmend weniger Müll bei uns – trotzdem steigen die Müllgebühren. Allein in den 90er Jahren hat sich die Müllmenge halbiert, die Müllgebühren dagegen haben sich verdoppelt.

Woran liegt das? Eben daran, dass es immer weniger Müll gibt.

Kaum zu glauben, aber wahr.

»Durch die sinkenden Müllmengen und den damit verbundenen Preisverfall ist die Kostenstruktur beim Betrieb von Mülldeponien aus dem Gefüge geraten«, erklärt ein Sprecher der deutschen Entsorgungswirtschaft. »Die Müllgebühren wurden erhöht, um die anfallenden Kosten bei geringerer Auslastung decken zu können.«

Es kann also noch eine ganze Weile dauern, bis sich die konsequente Müllvermeidung und das Umweltbewusstsein der Bundesbürger in niedrigeren Gebühren bemerkbar machen. Der Bund für Umwelt- und Naturschutz Deutschland (BUND) fordert zum Beispiel die Schließung von Müllverbrennungsanlagen. Mit dem Argument: Gäbe es weniger, wären die besser ausgelastet – kein Grund mehr also, Müllgebühren wegen leer stehender Verbrennungsanlagen zu erhöhen.

Warum ist es bei Hempels unterm Sofa so unordentlich?

Ein »Hämpel« ist laut einem bayerischen Wörterbuch aus dem Jahre 1872 ein »dummer Mensch« und das Verb »hämpeln« wird mit »pfuschen« übersetzt. Daraus hat sich vermutlich die sprichwörtliche »Familie Hempel« entwickelt, bei der alles drunter und drüber geht.

Vor dem Fernseher

Wieso werden im Tennis die Punkte 15, 30, 40 gezählt?

Dafür gibt es zwei mögliche Erklärungen:

Ursprünglich wurde Tennis drinnen, in den Schlössern der Adligen, gespielt. Das ist beispielsweise in der berühmten *Die drei Musketiere*-Verfilmung (von 1973, mit Michael York, Richard Chamberlain, Faye Dunaway) zu sehen: Das Spielfeld war klein und in vier parallel verlaufende Streifen zu beiden Netzseiten unterteilt, die jeweils 15 Zoll (das sind 40 Zentimeter) maßen.

Machte ein Spieler einen Punkt, bewegte er sich einen Streifen weiter und kam so allmählich der Mitte des Feldes näher. Das Spiel begann an der O-Zoll-Linie und endete an der 45-Zoll-Linie.

Da man fand, dass diese Linie zu nah am Netz war, wurde sie auf 40 Zoll zurückversetzt. So entstand das 0-15-30-40-Punkte-System.

Der Deutsche Tennis Bund gibt dagegen eine andere Variante an:

Demnach geht der Zählmodus auf Spielwetten und Geldeinsätze im Frankreich des 14. Jahrhunderts zurück. So setzte man beim Tennis zum Beispiel eine Münze namens »gros denier«, die einen Wert von 15 »denier« hatte. In einem Satz, der damals aus vier Spielen bestand, wurden also 4 mal 15 »denier« gesetzt: 15 – 30 – 45 – 60.

Daraus sei die heutige Zählweise entwickelt worden.

Warum laufen Räder im Film manchmal rückwärts?

Vor allem in alten Western kann man immer wieder beobachten: Die Räder langsam fahrender Kutschen oder Pferdefuhrwerke scheinen sich rückwärts zu drehen.

Die Ursache für dieses optische Phänomen liegt darin, dass die Filme aus einzelnen Bildern bestehen, die sich mit einer Geschwindigkeit von 24 Bildern pro Sekunde bewegen. Spätestens ab 20 Bildern in der Sekunde kommen unsere Augen da nicht mehr mit. Sie sind gewissermaßen zu träge, um bei dieser schnellen Abfolge einzelne (Stand-)Bilder voneinander zu trennen – und nehmen das Gesehene als Bewegung wahr.

Das kann man sich wie bei einem Stroboskop vorstellen: Dieses Gerät gibt in absolut regelmäßigen zeitlichen Abständen einen Lichtblitz ab. Ist die Umgebung dunkel, wird sich das Auge auf die durch das Stroboskop erzeugte Helligkeit einstellen. Und daher nur Bilder sehen, wenn ein solcher Blitz die Szenerie beleuchtet. Diese Abfolge von eigentlich stehenden Bildern kommt beim Betrachter als abgehackt erscheinende Bewegung an.

Deshalb nennt man die Sache mit den sich rückwärts drehenden Rädern auch Röhrenblitzeffekt oder stroboskopische Täuschung. Dreht sich das Rad nämlich gerade so schnell, dass die Kamera immer dann ein Bild aufnimmt, wenn die Speichen des Rades die gleiche Stellung einnehmen wie bei dem Einzelbild davor – dann sieht es so aus, als ob das Rad stillsteht. Anders gesagt: Die Geschwindigkeit der Räder ist mit der der Bilder synchron.

Bei einer geringeren Abrollgeschwindigkeit (die Räder drehen sich langsamer, als die Bilder sich bewegen) scheinen für den Betrachter die Räder rückwärts zu laufen.

Schauen Tiere gern TV?

Ausgereifte wissenschaftliche Studien zu diesem Thema gibt es noch nicht. Aber jeder hat schon mal festgestellt, wie fasziniert etwa Katzen in die Glotze schauen, wenn dort viel Bewegung ist, wenn es raschelt, jault oder bellt.

Entsprechend eindeutig auch das Ergebnis einer Umfrage im Webforum www.meaningful.de. »Hat Dein Hausgenosse schon mal ferngesehen?«, wollte dort jemand wissen. 34 Tierfreunde antworteten, davon 88 Prozent mit Ja und nur 12 Prozent mit Nein.

Das ist natürlich nicht repräsentativ. Aber auch die Forscherin Lisa Pfarr hat am Yerkes-Primatenzentrum in Atlanta/USA ähnliche Erfahrungen gemacht. In einem Versuch spielte sie Schimpansen Videos vor. Anschließend konnten die Tiere dem jeweiligen Video per Joystick verschiedene Affengesichter zuordnen.

Ergebnis: Sahen die Tiere unerfreuliche Szenen, ordneten sie dem Video Affengesichter mit einem Ausdruck von Furcht zu. Videos von Leckereien bekamen hingegen ein glückliches Gesicht. Das zeige deutlich, dass Schimpansen auf Fernsehszenen mit Gefühlen reagieren. Andere Wissenschaftler gehen dennoch davon aus, dass Tiere keine TV-Inhalte verstehen – aber sich anscheinend gerne beflimmern lassen.

Die britische BBC strahlte im Rahmen der »Nationalen Haustierwoche« im Mai 2004 gar eine Spezialsendeschleife für Hund, Katze, Fisch und Pferd aus. Zu sehen gab es fliegende Frisbeescheiben, hüpfende Bälle und Comics mit tierischen Helden wie »Top Cat«.

Die Welt merkte zu diesem kuriosen Experiment an: »Was passiert, wenn der Mensch den ›Tatort‹ schauen möchte, der Hund aber mit leisem Knurren zu verstehen gibt, dass er auf ›Top Cat‹ nicht zu verzichten gedenkt? Nehmen Sie ihm die Fernbedienung aus den Pfoten. Und dann sagen Sie den Satz, den jeder Hund versteht, ob intelligent oder nicht: Ab ins Körbchen!«

Warum tanzen Schlangen nach Flötenmusik?

Schlangen sind fast taub, weil sie kein Außenohr, kein Mittelohr und kein Trommelfell besitzen und im Laufe ihrer Entwicklungsgeschichte den Großteil der Gehörknochen verloren haben. An akustischen Reizen nehmen sie nur sehr tiefe, kräftige Laute wahr sowie Erschütterungen des Erdbodens – mit Hilfe ihrer Kieferknochen.

Eine Klapperschlange hört also das Rasseln ihres eigenen Schwanzes gar nicht, ebenso wenig wie eine Kobra die Töne einer Flöte. Das Reptil folgt auch gar nicht der Musik, sondern den Bewegungen des Schlangenbeschwörers, der mit Kopf und Oberkörper vor der Schlange hin und her schwankt.

Dieser optische Reiz provoziert die Kobra im Korb, sich in Angriffs- beziehungsweise Verteidigungsposition zu erheben und zu »tanzen«.

Warum gibt es keine berühmten Mädchenchöre?

Der Tölzer Knabenchor oder die Schöneberger Sängerknaben sind vielleicht bekannter als Mädchenchöre wie die Ulmer Spatzen oder Carpe diem – aber nicht unbedingt besser. Bei Chorwettbewerben schneiden die weiblichen Teilnehmer durchweg besser ab als ihre männlichen Kollegen.

Dass diese populärer sind, hat etwas mit der Tradition zu tun: Knaben- und Männerchöre waren in der Regel eng mit der katholischen Kirche verbunden. Und dann, meint zumindest der Generalsekretär des Arbeitskreises »Musik in der Jugend«, gäbe es da noch ein Problem mit den Medien: Über Mädchenchöre werde viel weniger berichtet.

Wer ist der Aufsichtsbeamte beim Lotto?

Der, der sich vor der Ziehung »vom ordnungsgemäßen Zustand der Kugeln und des Ziehungsgeräts überzeugt hat«, wie die Sprecherin regelmäßig erklärt.

Es gibt nicht einen bestimmten Aufsichtsbeamten, sondern viele. Diese werden von den Finanzministerien der Bundesländer abgestellt, denen die Rechtsaufsicht über die Lottogesellschaften obliegt. Die Aufsichtsbeamten müssen grundsätzlich Juristen sein.

Kann man Gläser zersingen?

Dem kleinen Oskar Matzerath in der *Blechtrommel* gelang es. Opernheroen führen es in diversen Werbespots vor. Und auch dem US-Folkstar Tim Buckley sagte man diese Fähigkeit nach: nur mit der Stimme Gläser zerschmettern zu können.

Na ja.

Vielleicht gibt es Sängerinnen und Sänger mit einer Stimme wie splitterndes Glas (so jedenfalls wurde einst die New-Wave-Ikone Hazel O'Connor promotet).

Aber kein Mensch kann Gläser zersingen. Denn ein Ton, der solches schafft, muss sehr laut und sehr lang sein – und vor allem genau die Eigenfrequenz des Glases treffen. Also jenen Ton, der erklingt, wenn man zum Beispiel mit einem Löffel gegen das Glas schlägt.

Das alles ist nur möglich mit einem Tongenerator und einem Lautsprecher.

Was passiert, wenn ein Föhn in die Badewanne fällt?

Leider genau das, was im Fernsehen in Szene gesetzt wird – nur ohne spektakulären Blitz und Knall.

Tödliche Unfälle mit Strom ereignen sich zu 50 Prozent im Badezimmer und in 40 Prozent der Fälle sind Kinder im Alter zwischen drei und zehn Jahren betroffen. Neben Haartrocknern spielen zumeist Telefone oder Radiorekorder dabei eine Rolle.

Viel wichtiger ist also die Frage: Was kann man dagegen tun?

Klar: Niemals Elektrogeräte auf dem Badewannenrand abstellen und sie aus dem Wasser heraus zu bedienen versuchen.

Darüber hinaus raten Experten zu einem Fehlerstromschutzschalter, kurz FI-Schalter genannt. Ein Auslösestrom von nur 30 Milliampere (0,03 Ampere) genügt, und der Strom wird in einer zwanzigtausendstel Sekunde abgeschaltet – also noch bevor es zu einem körpergefährlichen Stromschlag kommen kann. Die herkömmliche Sicherung macht das erst bei 10 000 Milliampere (10 Ampere).

Wie funktioniert es?

Wenn ein eingeschalteter Föhn oder ein anderes Kleingerät ohne Schutzleiteranschluss in die Badewanne fällt, fließt Strom vom Föhn ins Badewasser – auch in den Körper –, dann in die Badewanne und über den Abfluss in den Schutzerder ab.

Zeitgleich tritt im FI-Schalter eine Stromdifferenz zwischen ankommendem und zurückfließendem Strom auf. Daraufhin schaltet er in Sekundenbruchteilen den Strom in der gesamten Anlage ab, bevor etwas passiert.

Die Installation von Fehlerstromschutzschaltern ist seit 1986 bei Neubauten vorgeschrieben, und zwar in Feuchträumen und an Außensteckdosen. Empfehlenswert sind sie aber auch für alle Altbauwohnungen.

Warum schläft ein Bein ein?

Medizinisch heißt das Parästhesie, wenn der Fuß oder das Bein »einschläft«. Dieser Fachausdruck bezeichnet eine »Störung im Gefühlsempfinden«. Ursache dafür ist mangelhafte Durchblutung.

Meist klemmt eine Sitzkante die Ader ab – oder auch das eigene Körpergewicht, etwa beim langen Sitzen im Flugzeug. Das ist so wie bei einem Wasserschlauch: Wird er etwas abgeknickt, fließt weniger Wasser hindurch. Versiegt beim Menschen der Blutfluss, kommt es in den Zellen zu einer Art Stillstand: Sauerstoff und Nährstoffe fehlen, Abfallprodukte stauen sich, die Nerven schlagen Alarm.

Wenn dabei auch noch muskelbewegende Nerven gequetscht werden, kann man den eingeschlafenen Körperteil eine Weile kaum noch rühren. Meist verschwindet das taube Kribbeln wieder, wenn wir uns bewegen.

Halten die Symptome allerdings länger an, könnte ein Gefäß verstopft sein. Sofort zum Arzt!

Wieso sind die Werbespots im Fernsehen so laut?

Mittendrin. Der Mörder ist fast zur Strecke gebracht. Plötzlich schwebt ein RTL-Blondchen mit sinnlichem Blick durch das blau umwaberte Bild. Werbepause.

Umschalten auf Vox. Doch nur zwei Minuten später auch dort: Zwei ältliche Leutchen mit einer roter Kugel in der Hand drängeln sich dazwischen, als Held und Heldin gerade in die Kissen sinken wollten …

Was dann folgt, ist ebenso unvermeidlich wie unerwünscht: Reklameblöcke. Und meistens in einer Lautstärke, dass wir vom Sofa aufspringen und wild den Lautstärkeregler der Fernbedienung malträtieren.

»Viele Sender strahlen ihre Werbung lauter aus als das normale Programm«, heißt es lapidar in einer Diplomarbeit im Fachbereich Elektrotechnik der Fachhochschule Münster – aber durchaus nicht alle. Manche fahren die Lautstärke sogar um bis zu 30 Prozent herunter.

Trotzdem sollen die teuren »Verbraucherinformationen« (wie Harald Schmidt einst die Unterbrechungen seiner Late-Night-Show ankündigte) natürlich auch jene Zuschauer erreichen, die sich während der Sendepause im Bad oder in der Küche zu verstecken versuchen.

Der ganz legale Trick der TV-Macher heißt: Kompression.

Dahinter verbirgt sich eine Technik, mit der die lauten und die leisen Stellen eines Werbespots in ihrer Lautstärke (Amplitude) einander angeglichen werden. Durch dieses Komprimieren der Tonspur wird ein subjektiv lauterer Eindruck erweckt. Ein komprimierter (Werbe-)Block wirkt durchdringender als die vorangegangene Sendung mit unkomprimierter Tonspur und deutlichen Lautstärkedifferenzen.

Das klappt, weil unser Ohr Lautstärke nicht nach Höchstwerten beurteilt, sondern nur nach Durchschnittswerten. Physiker sprechen denn auch von der »wahrgenommenen Lautstärke«. Eine der Unvollkommenheiten des Ohres ist, dass es nicht schnell genug ist, extrem flüchtige (kurze) Töne, im Bereich von einer bis zehn Millisekunden, zu hören und die Lautstärke akkurat zu interpretieren.

Toningenieure wissen genau, wie man diese Unzulänglichkeit ausnutzen kann. Die Toyota-Affen singen es von den Bäumen.

Wieso ist Gähnen ansteckend?

Warum wir gähnen, ist klar: Gähnen ist ein reflexartiges, tiefes Einatmen, um die Durchblutung der Nervenzellen im Gehirn und den Kreislauf anzuregen und um die Kiefermuskulatur zu strecken und wieder zu entspannen.

Weshalb wir beim Gähnen die Hand vor den Mund halten, wissen wir auch: Nicht aus Wohlerzogenheit, sondern wegen eines alten Aberglaubens, demzufolge die Seele durch den weit geöffneten Mund davonfliegen könne.

Wieso Gähnen ansteckend ist – das ist die schwierigste dieser drei Fragen.

Der bekannte Ethnologe Irenäus Eibl-Eibesfeldt sieht im Gähnen eine so genannte Stimmungsübertragung. Genauso, wie auch Lachen ansteckt. Stimmungsübertragung heißt: »Es handelt sich dabei um angeborene Ausdrucksbewegungen, die gewissermaßen als Signale Handlungsbereitschaften mitteilen, den Partner konform stimmen und gleiches Verhalten als Antwort auslösen.« (Zit. nach www.wissenschaft-online.de)

Das bedeutet: Gähnen hat sowohl physiologische wie soziale Funktionen. Es wird von allen Menschen sofort verstanden. Das Gähnen anderer bringt uns blitzartig unsere eigene Müdigkeit ins Bewusstsein – und dann müssen wir ebenfalls gähnen.

Wozu das gut ist, erklärt Eibl-Eibesfeldt anhand der

Aufzeichnungen des Völkerkundlers Karl von den Steinen (1855–1929), der als erster Europäer in Zentralaustralien Kontakt mit dem Stamm der Bakiri aufnahm. Steinen schrieb: »Wurde es ihnen mit dem Geplauder zu viel, so gähnte alles aufrichtig und ohne die Hand vor den Mund zu halten. Dass der wohltuende Reflex auch hier ansteckte, ließ sich nicht verkennen. Dann stand einer nach dem anderen auf und ich blieb allein.«

Die Ansteckung führt also dazu, dass alle Personen etwa gleichzeitig müde werden und schlafen gehen. »Eine solche Synchronisation des Alltags ist durchaus wichtig«, so der ehemalige Leiter der Forschungsstelle für Humanethnologie in der Max-Planck-Gesellschaft: »Denn würden nur Einzelne schläfrig, um schließlich vor Müdigkeit umzufallen, andere dagegen zum Beispiel weiterziehen, wäre der Zusammenhalt der Gruppe gefährdet.«

Gähnen hat also eine Art Signalwirkung und kann neben Müdigkeit aber auch Langeweile oder Unhöflichkeit nonverbal zum Ausdruck bringen.

Bei Tieren beispielsweise sorgt »Drohgähnen« für Distanz und erspart Pavianen, Flusspferden und anderen so manche kämpferische Auseinandersetzung.

Wieso stellen sich die Haare auf, wenn man den Fernsehschirm berührt?

Durch die Bildröhre eines Fernsehers fließt ein lebhafter Elektronenstrom. Da Elektronen negativ geladen sind, wird der Bildschirm innen positiv aufgeladen, damit er die Elektronen anzieht. Beim Auftreffen auf den Bildschirm bringen sie eine fluoreszierende Schicht zum Leuchten, wodurch letztendlich das Bild erzeugt wird.

Die Innenseite des Bildschirms wird also beim Einschalten des Geräts positiv geladen. Dadurch werden auch negative Ladungen (Elektronen) aus der Umgebung angezogen. Bringt man nun eine Hand oder den Kopf nahe an die Glasplatte, unterliegen auch die Elektronen in unserem Körper dieser Anziehungskraft. Sichtbarer Effekt: Die Haare stellen sich auf.

Wenn man dem Bildschirm sehr nahe kommt, können die Elektronen vom Körper auf den Bildschirm überspringen und erzeugen dabei winzige Funken, ein Knistern und ein Prickeln auf der Haut. Obwohl zwischen Körper und Bildschirm ein sehr hoher Spannungsunterschied bis zu einigen tausend Volt besteht, ist das ungefährlich, da die Stromstärke extrem gering ist.

Wenn der Fernseher eine Weile läuft, haben sich negative Ladungen aus der Umgebungsluft auf der Oberfläche des Bildschirms angesammelt und gleichen die positive Ladung nach und nach aus, sodass der Effekt mit der Zeit immer schwächer wird. Diese negative Ladung bleibt auch nach dem Ausschalten noch einige Zeit vorhanden – deshalb knistert es gleich nach dem Ausschalten wieder stärker. Eine Aufladung des Körpers passiert übrigens auch ganz ohne Fernseher, etwa wenn man auf einem bestimmten Fußbodenbelag geht. Durch die Reibung werden Ladungen vom Körper auf den Teppich oder umgekehrt übertragen. Fasst man dann eine (metallene) Türklinke an, fließen die Ladungen ab. Wieder funkt es, und man bekommt einen kleinen elektrischen Schlag.

Weil vom TV-Bildschirm auch Staub angezogen wird, versuchen die Hersteller elektrostatische Aufladung weitgehend zu vermeiden, indem sie die Bildröhre mit einer dünnen Schicht von durchsichtigem, aber schwach leitfähigem Material überziehen. So können sich Elektronen frei bewegen und gleichen überschüssige positive oder negative Ladungen sofort aus.

Wieso laufen die guten Filme (und auch die Werbung) immer gleichzeitig?

Kommt natürlich darauf an, was jeder für sich unter einem guten Film versteht.

Doch tendenziell ist es in der Tat so, dass die Sender sich zur »Prime-Time« (also zur besten Sendezeit) sowie am Wochenende und an Feiertagen gegenseitig übertrumpfen wollen, um für die werbetreibende Industrie attraktiver zu sein als die Konkurrenz. Denn eine zu erwartende hohe Sehbeteiligung garantiert hohe Einnahmen, weil dann viele Unternehmen Werbezeiten buchen wollen.

Das gilt natürlich besonders für die Privaten, die fast ausschließlich von diesen Geldern leben.

Die gebührenfinanzierten öffentlich-rechtlichen Sender sehen das Ganze etwas entspannter. Problematisch werde die Sache doch erst dann, erklärt die ARD-Zuschauerredaktion im Internetforum www.fragenohneantwort.de, wenn ein ausgewiesener Volksmusikfan eines Tages feststellen muss, dass im Ersten der »Musikantenstadl« und auf einem der Privaten »Hallo Heino« kommt.

Eine ähnlich originelle Erklärung hat die ARD-Zuschauerredaktion für ein verwandtes Phänomen: Warum läuft auch die Werbung meistens auf allen Kanälen gleichzeitig?

Antwort: »Sämtliche Fernsehanstalten dieser Welt sind von den Werbemachern dominiert, arbeiten zusammen in ihrem totalen Zugriff auf den zappenden Zuschauer und wollen jenen davon abhalten, der Reklame zu entgehen.

Deshalb wird auf allen Kanälen gleichzeitig Werbung ausgestrahlt. Für diesen Zweck ist die beste Sendezeit gerade gut genug.«

Wir dürfen davon ausgehen, dass das ironisch gemeint ist.

Da die »Prime-Time« bei fast allen TV-Sendern um 20.15 Uhr beginnt und laut Rundfunkstaatsvertrag der Abstand zwischen zwei Werbeunterbrechungen innerhalb einer Sendung mindestens 20 Minuten betragen muss, können wir bei Spielfilmen grob überschlagen etwa alle 20 Minuten mit Werbung rechnen.

Egal wo.

Was heißt »Make my day«?

Was das Filmzitat »Ich schau dir in die Augen, Kleines« für Romantiker ist, bedeutet »Make my day« für Actionfans.

Der Satz stammt aus den »Dirty Harry«-Filmen und kam meist dann zur Anwendung, wenn Clint Eastwood als Polizeiinspektor Harry Callahan seine Widersacher mit der 44er-Magnum verabschiedete.

»Make my day« wurde zum geflügelten Wort, ähnlich wie Arnold Schwarzeneggers »Hasta la vista, Baby«.

Doch was bedeutet das? Eine wörtliche Übersetzung – wie etwa »Mach meinen Tag« – ergibt keinen Sinn.

Im Kontext der »Dirty Harry«-Filme, in denen Eastwood einen knallharten und desillusionierten Kämpfer für das Gesetz verkörperte, ist wohl gemeint: »Es liegt an dir, meinen Tag perfekt zu machen, indem du jetzt abzuhauen versuchst und ich dich abknallen kann.«

Kürzer: »Tu doch was, damit ich das Vergnügen habe, dich zu erschießen.«

Noch kürzer: »Komm, gib mir einen Grund.«

Wieso tragen die Richter und Anwälte in England Perücken?

Aus demselben Grund weshalb Batman Fledermauscape und Maske trägt: um hartgesottenen Gesetzesbrechern Furcht ins Gemüt zu senken.

Das meint jedenfalls ganz ernsthaft der englische Rechtsgelehrte Charles M. Yablon. Einen anderen Grund konnte der Juraprofessor trotz intensiver Recherchen nicht ausmachen.

Sicher ist nur, dass König Charles II. diese Sitte im 17. Jahrhundert vom französischen Hof mitbrachte. Damals pflegten alle Berufsstände ihre eigene Kleiderordnung, und unter den Vertretern der judikativen Gewalt galten eben lange Roben und Perücken als chic.

Heute werden die »Wigs« aus Rosshaar gefertigt und kosten zwischen 350 und 2000 Pfund. Sie gelten selbst ihren Trägern als unhygienisch und unbequem und verursachen Juckreiz – aber über die Abschaffung dieser Tradition wurde zuletzt 1992 debattiert, wie üblich folgenlos.

Und so ist es durchaus kein Witz, wenn John Cleese als Prozessanwalt in *Ein Fisch namens Wanda* eine Perücke trägt. »Da den Juristen bis heute niemand gesagt hat, dass sie es lassen sollen, tun sie es noch immer«, erklärt Charles M. Yablon lapidar.

Was bedeutet »Werder« Bremen?

Im Jahre 1898 gewannen einige Schüler einer Bremer Realschule bei einem Wettbewerb ein Sportgerät, das damals noch relativ unbekannt war: einen Fußball. Auf dem Stadtwerder nahe der Weser probierten sie die Lederkugel aus, und als die Jungs am 4. Februar 1899 auf der Veranda des

Restaurants »Zum Kuhhirten« einen Fußballverein gründeten, nannten sie ihn »Werder« Bremen.

Das Wort steht also für die Landschaft, in der die ersten Bremer Kicker spielten – ein Stück erhöhtes, wasserfreies Land, umgeben von stehendem oder fließendem Gewässer.

Und da wir schon dabei sind:

»BVB« bedeutet Ballspielverein Borussia. Oder nach Lesart der eingefleischten Fans »Borussen vom Borsigplatz«, da der Verein 1909 am Borsigplatz in der Gaststätte »Zum Wildschütz« im Dortmunder Norden gegründet wurde. Was aber sind »Borussen«? Nichts anderes als latinisierte »Preußen«.

»Hertha« BSC Berlin? Der Vereinsname Hertha entspringt einer Dampferfahrt, die der Mitbegründer des Fußballclubs, Fritz Lindner, auf einem Schiff selbigen Namens 1892 unternommen hatte. Auf dem Schornstein dieser »Hertha« prangten die Reedereifarben Weiß mit blauen Streifen – bis heute die Vereinsfarben von Hertha BSC.

Warum sagen die Fußballreporter »AC Milan« statt »Mailand« oder »Milano«?

Der italienische Spitzenclub wurde im Dezember 1899 von einem Engländer gegründet, und zwar als »Milan C & FBC Milano«. Das bedeutete: »Milan Cricket and Football Club« – also Kricket- und Fußballclub Milan (= englische Schreibweise von »Mailand«) und Milano (= italienische Schreibweise).

Die Mitglieder interessierten sich allerdings nur für Fußball und deshalb trennte man sich 1905 von der Kricketsparte und änderte den Vereinsnamen in »Milan FBC Milano« – also »Football Club Milan/Milano«.

1938 setzten die Verantwortlichen noch ein »AC«, was italienischer klingen sollte, denn »AC« ist das Pendant zum deutschen »FC« und steht für »Associazione Calcio«.

Heute heißt der AC Mailand aus Traditionsgründen tatsächlich offiziell »AC Milan«. Eingedenk dieser verwirrenden Historie ist der unterschiedliche Sprachgebrauch der Sportreporter verständlich.

Warum heißen die italienischen Fußballfans »Tifosi«?

»Tifosi« sind von einem Virus befallen – dem Fußballfieber.

In früheren Zeiten nannte man in Italien einen Typhuskranken »Tifosi«. Anscheinend ähnelten die Symptome dieser Infektionskrankheit der glühenden Fußballbegeisterung italienischer Fans – daher der Name.

Wie kommt der Nebel auf die Bühne?

Faszinierend, wenn bei Party-Events oder Rockkonzerten dicke Nebelschwaden über die Bühne wabern. Trockeneis? Ja, aber nicht immer.

Trockeneis ist übrigens kein Eis, sondern gefrorenes Kohlendioxid, also ein Gas – und zwar das einzige, das einen festen Zustand annehmen kann.

Um Kohlendioxid in Eiskristalle zu verwandeln, wird es in Druckbehältern auf etwa minus 80 Grad abgekühlt und zusammengepresst. Dadurch entsteht eine Art Trockeneisschnee, der sich zu Blöcken, länglichen Körnern oder Ovalen formen lässt. In warmer Umgebung verdampft das Trockeneis zu weißem Nebel. Das heißt: Es taut nicht, sondern sublimiert (geht also direkt vom festen in den gasförmigen Zustand über) und hinterlässt keine Nässe.

Andere Möglichkeit: eine Verdampfernebelmaschine. Sie stößt Nebelschwaden aus, die aus einem Aerosol bestehen – also aus Luft mit flüssigen Schwebstoffen.

Die meisten Effektgeräte dieser Art verwenden dazu Glycole (alkoholische Lösungsmittel) und entmineralisiertes Wasser. Draußen kondensiert dieses vorgeheizte Gemisch: Das so genannte Nebelfluid aus der Verdampfernebelmaschine geht in der kälteren Raumluft vom gasförmigen in den flüssigen Zustand über und bildet winzige Tröpfchen, die die Bühne wie einen Schleier einhüllen.

Wieso trägt Donald Duck einen Matrosenanzug?

»Wer seinen 70. Geburtstag im Matrosenanzug feiert, gehört entweder zum Chor der russischen Schwarzmeerflotte. Oder aber er ist eine Ente«, schrieb die Presse anno 2004 – genau sieben Jahrzehnte, nachdem Donald Duck seinen ersten Leinwandauftritt hatte.

In dem Cartoon *The Wise Little Hen* (»Das schlaue Hühnchen«) wohnte der cholerische Erpel noch auf einem Hausboot. Deshalb verpasste ihm Walt Disney einen Matrosenanzug.

Seit jenem 6. Juni 1934 hat Donald dieses skurrile Kleidungsstück nicht mehr ausgezogen.

Wieso? Vielleicht liegt es daran, dass der Matrosenanzug seit Mitte des 19. Jahrhunderts in der Kindermode so populär geworden ist.

1846 wurde Kronprinz Edward, der Sohn der englischen Königin Victoria, fünfjährig in einem Matrosenanzug porträtiert. Er wurde damit zum Trendsetter einer weltweiten Mode. Ab 1885 gab es die weiß-blaue Kinderuniform auch für Mädchen.

In der *Blechtrommel*-Verfilmung von 1980 trägt das »ewige Kind« Oskar Matzerath einen Matrosenanzug und noch heute ist dieses Kleidungsstück das Markenzeichen der Wiener Sängerknaben.

Pikanter ist die Frage: Warum trägt Donald nie eine Hose, im Gegensatz zu Mickey Mouse?

»Ganz einfach«, meint dazu ein Fan im Internetforum »Fragen ohne Antwort«: »Mäuse sind nämlich Säugetiere und haben einen Pullermann. Enten dagegen legen Eier, das heißt sie haben keine besondere Zone, die Kindern aus Aufklärungsgründen verweigert werden müsste.«

Klingt spaßig – ist aber falsch.

Gerade Enten überraschen Zoologen immer wieder mit ausschweifenden Übertreibungen, was das *Membrum virile* des Flattermanns angeht (so heißt das »beste Stück« im medizinischen Fachjargon).

Und somit bleibt diese Frage bis auf weiteres ohne Antwort.

Was bedeuten die seltsamen Haarfarben in den Trickfilmen aus Japan?

»Mangas« – so werden die Actioncomics aus Fernost genannt. Kulleraugenhelden und -heldinnen aus Serien wie *Akira, Sailor Moon, Dragon Ball, Beyblade* oder *Shin Chan* haben auch in Deutschland eine Manga-Manie ausgelöst, nachdem der herkömmliche Comicmarkt mit altbackenen Figuren à la *Tim und Struppi* in den 1990ern zusammengebrochen war.

Im Land der aufgehenden Sonne sind die meisten Mangas schwarz-weiß, da bei den telefonbuchdicken Heften Farbdruck zu teuer käme. Außerdem können die Zeichner so schneller arbeiten: Für eine Farbseite benötigt ein »Mangaka« drei Tage; in dieser Zeit hat er 20 Schwarz-Weiß-Seiten zu Papier gebracht.

Mittlerweile gibt es dennoch immer mehr farbige Mangas, und die Trickfilme (»Anime«) in Kino und Fernsehen sind ohnehin durchweg bunt. Die Gesichter der japanischen Comichelden werden von den Zeichnern stark stilisiert und sehen auf den ersten Blick fast alle gleich aus.

Daher sind die schreiend bunten Frisuren das wichtigste Merkmal der verschiedenen Charaktere: Schwarze Haare kennzeichnen einen normalen, ruhigen, zur Passivität neigenden Charakter. Braunhaarige verkörpern Figuren an der Grenze zwischen »normal« und »heldenhaft«. Das für Japaner ungewohnte, exotische Blond steht für Natürlichkeit sowie Reinheit und innere Stärke. Rothaarige sind in Mangas und Trickfilmen aktiv bis aggressiv, burschikos und aufbrausend, grünhaarige Charaktere loyal bis zur Selbstaufgabe, während blaues Haar Kühle, Unnahbarkeit, aber auch Einsamkeit suggeriert. Violette Haare sind Helden von hoher Geburt oder besonderer Herkunft vorbehalten, rosa Haare weisen auf doppeldeutige Persönlichkeiten mit einer dunklen Seite hin. Ein weißer Schopf gehört einem Wesen aus einer anderen Dimension. Und eine Glatze symbolisiert Weisheit und Disziplin.

Kann man »unfähige« Politiker verklagen, weil sie möglicherweise ihren Amtseid gebrochen haben?

»Ich schwöre, dass ich meine Kraft dem Wohle des deutschen Volkes widmen, seinen Nutzen mehren, Schaden von ihm wenden, das Grundgesetz und die Gesetze des Bundes wahren und verteidigen, meine Pflichten gewissenhaft erfüllen und Gerechtigkeit gegen jedermann üben werde.« – So lautet der Eid, den der deutsche Bundeskanzler bei seinem Amtsantritt leistet.

Auch Minister und Abgeordnete versprechen feierlich, Schaden vom deutschen Volk abzuwenden.

Da mag sich so mancher politikverdrossene Bürger fragen, ob man die Damen und Herren Politiker nicht darauf »festnageln«, sprich verklagen kann – etwa wenn der Eindruck entsteht, dass Eigen- oder Lobbyinteressen im politischen Tagesgeschäft mitunter zu dominieren scheinen.

Man kann nicht.

Als ein Neusser Unternehmensberater in den späten 1990ern Ex-Kanzler Helmut Kohl wegen Verletzung des Amtseids verklagen wollte, ergab eine Expertise von Staatsanwaltschaft, Landesjustizministerium Nordrhein-Westfalen und Bundestagsverwaltung: Der Amtseid sei gar kein richtiger Eid – und auf den Wahrheitsgehalt komme es auch nicht an.

Konkret: Der Amtseid eines Kanzlers oder eines Ministers stelle nur »ein politisches Versprechen und keinen Eid in einem gerichtlichen Verfahren« dar. Mit dem Amtseid solle lediglich »grundsätzlich die vollkommene Identifizierung des Gewählten mit den in der Verfassung niedergelegten Wertungen und Aufgaben bekräftigt werden«.

Auch der Rechtsexperte Professor Dr. Rolf Eckhoff von der Universität Regensburg erklärt: »Eine strafrechtliche Anklage wegen Meineids ist nicht möglich. Dazu müsste der Eid vor einer Behörde oder einem Gericht geleistet worden sein. Die Regierungsmitglieder schwören aber vor dem Bundestag.«

Außerdem enthalte der Eid keine konkreten inhaltlichen

Verpflichtungen. Er sei wenig mehr als eine Art feierliche Bekräftigung ohne rechtlichen Gehalt.

Wieso nimmt Israel am Grand Prix d'Eurovision und am Europapokal teil?

Dreimal hat Israel den Grand Prix d'Eurovision de la Chanson beziehungsweise Eurovision Song Contest gewonnen – zuletzt 1998 mit dem Lied »Diva« der transsexuellen Sängerin Dana International.

Aber wieso darf Israel an europäischen Show- und Sportwettbewerben teilnehmen, obwohl es geografisch zu Asien gehört?

Israel wurde in die europäischen Fachverbände aufgenommen, nachdem die einflussreichen arabischen Golfstaaten in den 1970ern einen Boykott israelischer Künstler und Sportler innerhalb der asiatischen Staatengruppe durchgesetzt hatten.

Was heißt bei Lotterien oder Preisausschreiben: »Der Rechtsweg ist ausgeschlossen«?

Das bedeutet, dass niemand mit einer Klage vor Gericht ziehen kann, weil er nicht gewonnen hat.

Was ist eigentlich »Kult«?

Dieter Bohlen. Edgar-Wallace-Filme. Godzilla. Der Satz »Ich schau dir in die Augen, Kleines.« Kult? Ja – aber wieso nur?

Nehmen wir ein anderes Beispiel:

Der erste *Krieg der Sterne* kostete 1977 zwölf Millionen Dollar. Hauptdarsteller Harrison Ford war Schreiner und bekam die Rolle nur, weil er im Büro von Regisseur George Lucas die Türen abbeizte und so von dem Casting erfuhr.

Lucas selbst glaubte nicht im Mindesten an einen Erfolg seines Films – Story und Figuren erschienen ihm »zu abseitig und fremdartig«. Die ersten Testvorführungen floppten, die Kinobesitzer misstrauten dem Sciencefiction-Märchen, und so startete *Star Wars* nur in wenigen Häusern.

Und dennoch hatten nach wenigen Tagen amerikanische Teenager kein anderes Gesprächsthema mehr als diesen Film. Das ebenso banale wie verrückte Abenteuer in einer fernen Galaxie stellte alle Hollywoodgesetze auf den Kopf.

Star Wars – Die dunkle Bedrohung, der 1999 herauskam, verschlang 115 Millionen Dollar Produktionskosten. Wochen vor dem US-Start bildeten sich schon Warteschlangen für Premierenkarten vor den Kinos. Spielwarengeschäfte orderten massenweise Fanartikel, ohne auch nur eine der Plastikfiguren und Miniraumschiffe vorher zu Gesicht bekommen zu haben. Alle großen Zeitschriften widmeten der neuen *Krieg der Sterne*-Episode Extraausgaben. Und dann kam der 19. Mai, der Tag der Premiere.

»Die Enttäuschung des Jahres«, höhnten nahezu einmütig die Kritiker. Und auch dem Publikum waren die Sterne schnell schnuppe: »Als die Lichter gänzlich verloschen, bricht monatelang angestaute Erwartung in tosenden Applaus und Gejohle aus«, notierte ein Reporter. Doch damit hatte es sich dann auch schon. »Der Jubel verstummt rasch … Am Ende plätschert nur müder Beifall durchs Auditorium. Unvermutet beginnt der Abspann. War's das? Ja, das war's.«

Natürlich wurde *Die dunkle Bedrohung* letztendlich

doch ein Kassenerfolg. Doch eines wurde der Film nicht: Kult. Allen Computertricks und einem wuchtigen globalen Werbefeldzug zum Trotz.

Eigentlich nicht verwunderlich.

Denn »Kult« ist nicht planbar. Oder gibt es eine logische Erklärung dafür, warum eine nichtssagende Simpelei wie »Ich schau dir in die Augen, Kleines« den Streifen *Casablanca* zum Kult adelte?

Kultfilme werden zwar auch »gemacht«. Aber eben nicht am Schreibtisch, von Marketingstrategen, Starregisseuren und Effektspezialisten. Sondern allein von den Konsumenten, den Fans, den »Kultisten«.

»Auf die Größe kommt es an!«, beschwor der deutsche Filmemacher Roland Emmerich die »Godzilla«-Fans, denen er vor einigen Jahren eine perfekt-monströse Riesenechse aus dem Computer vorsetzte.

Kommt es nicht.

Das japanische Trampeltier ist Kult, weil in den mehr als 25 Filmen seit 1954 offensichtlich ein Mensch in einem extrem schweren Latexkostüm durch eine Pappmachélandschaft taumelt und dabei einen langen Schwanz hinter sich herzieht, der aussieht wie eine halb aufgeblasene Luftmatratze. Emmerichs Godzilla dagegen ist schuppig, hart – und seelenlos. Kühl kalkuliertes Angeberkino.

»Kultisten« scheren sich aber nicht um Perfektion. Sie sind keine Filmästheten. Sie wollen nicht kritisieren, sondern sich identifizieren, miterleben, Dialoge mitsprechen und sich das Lebensgefühl aneignen, das der Film vermittelt.

1977 zerstörte Luke Skywalker in *Star Wars* den »Todesstern« nicht mit unnahbarer technischer Präzision, sondern mit Intuition: »Schließe die Augen, vertraue deinem Gefühl« war sein Erfolgsgeheimnis. Das kam an.

Oder Dieter Bohlen.

Anno 2000 fragte die damalige *Bild*-Kolumnistin Katja Kessler in die Runde: »Ich brüte auf der Idee herum, die Biografie von Bohlen zu schreiben. Wie findet ihr das?«

»Niemals«, rieten ihr die Anwesenden. »Wer interessiert sich schon für das Leben eines Schlagerfuzzis?«

Irrtum. Kessler verkaufte mit Bohlens Biografie *Nichts als die Wahrheit* mehr Bücher in einem Jahr als jemals ein deutschsprachiger Autor mit einem einzigen Buch zuvor. Was war der Grund? »Bohlen ist Kult geworden«, stellte die Journalistin Armgard Seegers im *Hamburger Abendblatt* fest.

Und wieso?

Seegers: »Seine Proll-Poesie teilt die Welt in simple Gut-und-Böse-Muster ein. Frauen? Sind zum Anbaggern und Abschleppen da. Faulenzer? Sollen arbeiten. Geld? Soll man haben, aber nicht zum Fenster rausschmeißen. Denken nicht viele so, auch wenn sie sich nicht am Stammtisch treffen? Sind sie nicht froh, dass es endlich einmal jemand ausspricht? Und bewundern sie nicht, dass Bohlen mit dem ›Bad Boy‹-Image auch noch Geld verdient?«

Kann sein. Denn Kultstars haben in der Regel wenig mit Starkult zu tun. Eigentlich sind es gar keine wirklichen Stars, sondern vielmehr Typen. Und das in aller Regel nur für einen ganz bestimmten Film, mitunter sogar nur für einen einzigen Auftritt, eine Szene oder einen Satz – als Beispiel mag die kultige »Wut«-Rede des Ex-Bayern-Trainers Giovanni Trapattoni mit »Flasche leer« und »habe fertig« gelten. Oder eben auch Dieter Bohlen, der seinen Kultstatus ebenso wenig halten konnte wie seine Exgattin Verona Feldbusch mit ihrer kurzlebigen »Ich mach mir die Welt, wie sie mir gefällt«-Masche.

Und sie polarisieren. »Entweder es amüsiert einen, oder es bereitet Zahnschmerzen«, schrieb schon 1971 ein Kritiker zur Erstaufführung des Kultfilms *Harold und Maude*.

Dasselbe gilt zum Beispiel auch für die alten Edgar-Wallace-Streifen: Alle erkennen die unfreiwillige Komik, wenn »irgendwo ein unschuldiges Mädchen darauf harrt, erst von widrigen Umständen gebeutelt, dann von bösen Buben entführt und schließlich von Blacky Fuchsberger gerettet zu werden« *(Frankfurter Rundschau)*. Aber jeder genießt sie.

»Kult« steht mithin gegen die Eindeutigkeit, gegen Rezepte, gegen alles Fertige, gegen kommerzielle Selbstgewissheit.

Oder anders gesagt: Ein Kultfilm ist ein Film (oder eine TV-Serie oder ...), bei dem man auf die Frage: »Verstehst du, warum alle ausgerechnet darauf abfahren?«, antwortet mit einem schulterzuckenden: »Nö, kapier ich auch nicht.«

Aber das ist noch nicht alles.

Das Wort »Kult« (lateinisch: cultus) bedeutet schließlich im normalen Sprachgebrauch »die Pflege im Sinne von Verehrung einer Person oder eines Gegenstandes«. Das heißt: »Kult« bedeutet nicht nur passives Konsumieren, sondern hat auch etwas mit Aktivität zu tun. Konkret: »Kultisten« lieben »ihren« Film, ihr Buch, ihre Serie. Und sie zeigen diese Liebe, indem sie sie offen zur Schau stellen und sich die Körperhaltung, die Gestik oder den Sprachgebrauch der Hauptfiguren aneignen oder auch einfach nur alle verfügbaren Requisiten sammeln.

Erst dieses Anderssein schafft einen »Kult«.

Beim Winterspaziergang

Warum kommen die Zugvögel eigentlich wieder zurück?

Zugvögel fliegen weg, um wieder heimzukommen. Und das, obwohl es in Afrika viel wärmer und das Nahrungsangebot größer ist. Wieso machen sich die Stare, Schwalben und Wildgänse überhaupt auf den Tausende von Kilometern langen Rückweg?

Weil sie Heimweh haben! Unglaublich? Aber wahr. »Genetisch geprägte Traditionen« nennen Tierforscher das. Dazu gehören gleich bleibende Zugwege ebenso wie angestammte Lebensräume, in denen sie geboren wurden.

Daneben gibt es noch einen weniger romantischen Grund für das Zurückkommen: Im südlichen Winterquartier drängen sich die Luftikusschwärme auf engem Raum. Brutplätze und Futterinsekten würden auf längere Sicht knapp werden.

Wieso ist der Schnee weiß?

Schneeflöckchen, Weißröckchen ... Obwohl Wasser doch eigentlich durchsichtig ist. Gefrorenes Wasser auch, z.B. Eiszapfen. Der Unterschied: Herabsickerndes Wasser gefriert so langsam, dass kaum Luft im Eis eingeschlossen wird – der Zapfen ist glasklar.

Wenn Wassertröpfchen aber zu Schneeflocken erstarren, geschieht dies in den Wolken. Und dort oben toben starke Winde. Schnee besteht also nicht nur aus gefrorenem Wasser, sondern enthält unzählige eingeschlossene Luftbläschen, die wie kleine Spiegel wirken: Sie reflektieren das Licht der Sonne. Durch diesen Blendeffekt erscheint der Schnee für unser Auge weiß. Nachts wirkt die weiße Pracht fahler, weil sie vom Mond beschienen wird.

Die kristallklaren Schneesternchen reflektieren das einfallende Licht so sehr, dass schon eine wenige Millimeter starke Schneeschicht ausreicht, alles in Weiß erscheinen zu lassen.

Warum knirscht Schnee?

Richtiger, echter Schnee, der unter den Füßen knirscht und im Gesicht prickelt … Wunderbar!

Schnee besteht aus Wassertröpfchen, die bei Minustemperaturen zu winzigen sechseckigen Eiskristallen gefrieren und sich ineinander verhaken.

Laufen wir über die Schneedecke, bersten die Verbindungen zwischen den Eiskristallen. Das Knirschen ist das Geräusch, das entsteht, wenn unter dem Druck unseres Körpergewichts viele hunderttausend Eiskristalle auseinander brechen.

Liegt die Lufttemperatur nahe beim Nullpunkt, sind die Schneeflocken biegsamer und können sich unter dem Druck des Schuhs etwas verformen, ohne zu brechen, und man kann fast lautlos über den Schnee gehen.

Wo sind die Eisverkäufer im Winter?

Man könnte auch anders fragen: Wieso heißen so viele Eisdielen in Deutschland »Dolomiti« oder »Venezia?« Weil fast alle der 3000 hiesigen Eismacher – die »Gelatieri« – aus der Gegend um Venedig und aus den Dolomiten stammen. Und dorthin kehren die meisten von ihnen zurück, während freundliche Schilder die Kunden charmant aufs nächste Frühjahr vertrösten.

Sonne im Winter?

Nicht nur. In dem Dolomitenstädtchen Longarone öffnet im November Europas einzige Akademie für Eismacher ihre Pforten, und die Kugelkünstler pauken Steuerrecht, Hygienevorschriften, Dekorieren. Und kreieren neue Eissorten. Denn alle Gelatieri haben einen Traum: weihnachtliche Sorten wie Glühwein- oder Lebkucheneis, die so richtig einschlagen. Denn weil die Betriebskosten ständig steigen und die Kinder in Deutschland zur Schule gehen, wird die Saison immer länger. Deshalb erweitern viele Eiscafés ihr Angebot, um auch im Winter Kunden anzulocken.

Wieso friert ein Gartenteich nie ganz zu?

Selbst in der klirrenden Winterkälte gefriert das Wasser eines Teiches nicht bis zum Grund. Wasser hat nämlich eine besondere physikalische Eigenschaft: Wird es unter vier Grad Celsius abgekühlt, vergrößert es sein Volumen und wird leichter – deshalb schwimmt Eis auf der Oberfläche.

Damit wirkt es wie eine Isoliermatte, die verhindert, dass die Kälte bis ins tiefere Wasser vordringt. Zwischen Eis und Wasser ist übrigens genug Sauerstoff, damit Fische überleben können.

Warum verlieren Bäume im Herbst die Blätter?

Schlicht: um zu überleben.

Aus dem gefrorenen Boden bekommen die Bäume zu wenig Wasser, um neben dem Stamm und den vielen Ästen auch noch die Blätter versorgen zu können.

Also ziehen sie erst einmal alle verwertbaren Stoffe (Mineralien, Proteine etc.) aus den Blättern in das Speichergewebe des Stammes und der Wurzel zurück. Und dann trennen sich die Laubbäume von ihren Anhängseln, indem sie eine korkartige Trennschicht zwischen Zweig und Blattstiel bilden, welche die Wasserversorgung allmählich unterbindet: Die Blätter vertrocknen, verlieren ihre grüne Farbe, färben sich bunt und fallen schließlich zur Erde.

Die typische Herbstfärbung entsteht dabei durch das allmähliche Schwinden des Chlorophylls, also der grünen Blattfarbe. Im Sommer überlagert das Chlorophyll die übrigen Farbpigmente in den Blättern (Carotine und Xanthophylle). Beim Prozess der Blattablösung im Herbst wird das Blattgrün abgebaut und die gelben und roten Farben kommen zum Vorschein.

Tannen und Fichten dagegen behalten auch im Winter ihr grünes Kleid. Wieso dieses?

Nadelbäume sind an trockene Standorte angepasst. Auch im Winter verdursten sie nicht, obwohl sie die Nadeln mit versorgen müssen und alles erreichbare Wasser im Wurzelbereich gefroren ist.

Der Grund: Tannen und Fichten verdunsten kaum Wasser, kommen daher mit wenig Flüssigkeit aus und brauchen kein Wasser zu sparen wie Laubbäume. Ihr Schutzmechanismus besteht aus vielen holzigen Versteifungen, dicken Wachsoberflächen und einer röhrenähnlichen und damit stark verringerten Oberfläche.

Wieso beschlägt drinnen die Brille?

Die Luft ist voller Wasser, das man nicht sieht – die so genannte Luftfeuchtigkeit. Aber: Luft kann nicht unbegrenzt viel Wasser aufnehmen – irgendwann sind 100 Prozent Luftfeuchtigkeit erreicht.

Wie viele Wassermoleküle die Luft aufnehmen kann, hängt von der Temperatur ab: Je wärmer es ist, desto mehr Wasser speichert sie. Kommen wir nun mit unserer kalten Brille von draußen in einen beheizten, warmen Raum, kühlt sich die Luftschicht in unmittelbarer Nähe der Gläser sehr rasch ab und verliert dadurch zugleich rapide an Speichervermögen. Das überschüssige Wasser, das nicht mehr gespeichert werden kann, wechselt vom gasförmigen in den flüssigen Zustand und schlägt sich auf den Brillengläsern nieder.

Wieso rutscht man auf Eis aus?

Rutschen? Physikalisch gesehen ist es eher ein Wegschwimmen: Treten wir auf eine Schicht Eis, dann übt unser Körper einen hohen Druck darauf aus. Durch den Druck entsteht wiederum Wärme, die das Eis unter unseren Füßen sehr schnell zum Schmelzen bringt. Ist der dabei entstehende Wasserfilm groß genug, gleiten beziehungsweise schwimmen wir einfach weg. Denselben Effekt haben wir auch beim Schlittschuhlaufen.

Wieso bekommen Wasservögel keine kalten Füße?

Die Beine von Wasservögeln »funktionieren« nach dem Prinzip eines Wärmeaustauschers: Das warme Blut, das in die Beine fließt, wird bereits unterwegs von dem in den Körper zurückströmenden Blut abgekühlt. In den Füßen kommt also »kaltes« Blut an.

Weil der Unterschied zur Außentemperatur dadurch geringer ist, frieren diese Vögel nicht so leicht.

Wie wachsen Pflanzen im Winter?

Schneeglöckchen zum Beispiel. Als erste Frühlingsboten sprießen sie schon aus der Erde, wenn möglicherweise noch Schnee liegt. Wie kommt es, dass ihnen die Kälte nichts ausmacht?

Schnee sorgt im Umfeld der Pflanzen für ein milderes Klima. Denn die vielen Luftblasen und Hohlräume in der Schneedecke wirken wie eine Art Isoliermatte. Eine Schneeschicht schützt die Pflanzen sogar vor den gelegentlichen Frühlingsfrösten.

Im Hochgebirge bedienen sich Pflanzen darüber hinaus einiger Tricks, um für den »Kaltstart« gerüstet zu sein: Alpengewächse haben oftmals eine dunkle Färbung und können so das Sonnenlicht besser speichern. Andere Pflanzen produzieren im Stängel eine Flüssigkeit, die wie ein Frostschutzmittel wirkt.

Soll man Unterkühlte mit Schnee einreiben?

Auf keinen Fall.

Allenfalls in Comic-Heftchen und billigen Filmen geht das gut. Denn durch den kalten Schnee kühlt das erfrorene Gewebe noch weiter ab. Wenn kein Arzt zur Stelle ist, sollte man als Soforthilfe Unterkühlte mit warmen, trockenen und rauen Tüchern abreiben.

Heiße, alkoholfreie Getränke sind erlaubt. Völlig falsch wäre es, eine unterkühlte Person vor einen warmen Ofen oder Heizlüfter zu setzen – so wie beispielsweise den armen Professor Abronsius in der Eingangsszene des Gruselklassikers *Tanz der Vampire*. Auch das würde zusätzliche Gewebeschäden verursachen.

Bekommt man von nassen Haaren eine Erkältung?

Eine Erkältung kommt nicht von der Kälte, sondern wird durch Viren ausgelöst. Kein Virus – kein Schnupfen. Selbst wenn man im tiefsten Winter nackt herumlaufen würde. Nicht einmal die Vermutung, dass nasse Haare, kalte Füße o. Ä. das Immunsystem schwächen und anfälliger für Infektionen machen, kann als gesichert gelten. US-Studien an Freiwilligen ergaben bei unterschiedlichen Kältebedingungen die gleiche Infektionsrate.

Warum sind dann aber im Winter so viele Leute erkältet? Vermutlich, weil geschlossene, unbelüftete, warme Räume mit vielen Menschen (Busse, Büros etc.) zu dieser Jahreszeit ein ideales Jagdrevier für Erreger sind. Außerdem trocknet Heizungsluft die Flimmerhärchen auf der Nasenschleimhaut aus, die es deswegen nicht mehr schaffen, Fremdkörper aus der Nase zu fegen.

Ist es gefährlich, einen Nieser zu unterdrücken?

Direkt schädlich nicht. Obwohl Bauchmuskeln, Brust und Zunge einen Druck aufbauen, der die Luft mit bis zu 160 Stundenkilometern durch die Nase entweichen lässt – schneller als ein Orkan. Wer das Niesen unterdrückt, arbeitet indes möglicherweise dem körpereigenen Immunsystem entgegen. Wird die Nasenschleimhaut zum Beispiel durch Staub oder Schleim zum Niesen gereizt, bleibt der Reizfaktor beim Unterdrücken im Körper.

Wieso flackert das Licht von Sternen, aber nicht von Planeten?

Sterne sind unendlich weit weg von der Erde und erscheinen auch im Teleskop nur als helle Punkte. Der geradlinige Strahl einer punktförmigen Lichtquelle aber wird von den verschiedenen Luftschichten unserer Erdatmosphäre gleich mehrfach gebrochen.

Deshalb sieht es so aus, als würde das Licht von Sternen – wie zum Beispiel dem Polarstern – flackern oder uns zuzwinkern. Die acht übrigen Planeten unseres Sonnensystems dagegen stehen der Erde so nahe, dass wir sie noch als (wenn auch sehr kleine) Scheibchen wahrnehmen können. Ihr Licht fällt ziemlich breit gestreut auf die Erde, sodass kaum Brechungseffekte entstehen.

Wo sind die Mücken im Winter?

Mücken und Stubenfliegen ziehen weder scharenweise in den Süden noch halten sie Winterschlaf – die meisten von ihnen sterben, wenn das Thermometer unter null Grad fällt. Die wenigen Fliegen, denen wir im Frühjahr begegnen, haben entweder in Kellerräumen und Aufzugsschächten oder aber als Larve, Ei oder Puppe tief in der Erde, in Kuhmist oder morschen Baumstämmen den Winter überlebt. Sie begründen dann ihre Art neu.

Und das schnell: Ein Stubenfliegenpaar kann in einem einzigen Sommer 325 923 200 000 000 Nachkommen hervorbringen.

Was bringt ein Schaltjahr?

Der 1582 eingeführte gregorianische Kalender rundet die Anzahl der Tage pro Jahr auf 365 ab. Denn tatsächlich beträgt die astronomische Jahreslänge 365,24211987 Tage.

Diese Zeit benötigt die Erde, um bei ihrem Lauf um die Sonne den so genannten Frühlingspunkt (Punkt der Tag-und-Nacht-Gleiche) zweimal zu passieren. Um die Abweichung auszugleichen, wird alle vier Jahre das Jahr um einen Tag – den 29. Februar – verlängert.

Persönliches Pech: Etwa 55 000 Menschen in Deutschland sind am 29. Februar geboren – können also nur alle vier Jahre ihren Geburtstag feiern.

Im Wartezimmer

Wozu braucht man einen Blinddarm?

Wenn der »Blinddarm« schmerzhafte Beschwerden verursacht, dann handelt es sich gar nicht um den Blinddarm – sondern nur um den so genannten Wurmfortsatz.

Der Blinddarm ist der blind endende, sackartige Anfangsteil des Dickdarms und liegt unterhalb der Einmündung des Dünndarms in der rechten unteren Bauchhöhle.

Der Wurmfortsatz ist ein kleines wurmartiges Anhängsel, ein zwei bis 20 Zentimeter langer Schlauch mit Lymphgewebe, der Abwehrkörper gegen Erreger bildet und deshalb dem Immunsystem zugerechnet wird.

Ähnlich wie die Mandeln kann sich dieser Appendix entzünden (etwa durch Stuhlreste, Fremdkörper oder Parasiten), was der Arzt »Appendizitis« nennt. Der Wurmfortsatz ist es auch, der bei einer »Blinddarmoperation« entfernt wird.

Manchmal greift die »Appendizitis« auf den Blinddarm über. Dabei kann ein Loch in der Blinddarmwand entstehen und Stuhl in die Bauchhöhle fließen (»Blinddarmdurchbruch«), was lebensbedrohlich ist.

Der daumenlange Blinddarm selbst ist als Teil der Verdauungsorgane unentbehrlich. Unter anderem hat er die Aufgabe, dem Speisebrei Wasser und Salz zu entziehen und den Stuhl zu verdicken.

Warum werden die Menschen immer größer?

In den westlichen Industrienationen sind die Menschen heute durchschnittlich zehn Zentimeter größer als vor 200 Jahren.

Wissenschaftler haben dafür vier Erklärungen. Einmal: ausreichende Ernährung mit tierischem Eiweiß. Nur die wenigsten Menschen konnten sich damals Fleisch leisten. Zum Zweiten: keine schwere körperliche Arbeit im Kindesalter. Drittens: starke Zunahme des Zuckerkonsums, der das Wachstum fördert. Und viertens: bessere medizinische Fürsorge für die Kinder.

Woher kommen die weißen Flecken auf den Fingernägeln?

Jedenfalls nicht von einem Mangel an bestimmten Mineralstoffen, etwa Kalzium oder Zink, wie oft behauptet wird.

Weiße Flecken auf den Fingernägeln scheinen gar nichts anzuzeigen. Meistens sind wohl Verletzungen des Nagels Ursache für die Male, etwa bei der Maniküre. Das würde auch erklären, warum sich solche weißen Flecken fast nie an den Zehennägeln zeigen.

Wieso soll man kein destilliertes Wasser trinken?

Giftig ist destilliertes (also chemisch reines) Wasser nicht.

Aber: Es enthält keine Mineralien, daher reichert unser Organismus es im Körper mit Elektrolyten an. Da er Elektrolyte nicht selbst produzieren kann, muss er seine Reserven angreifen. Auf Dauer kann destilliertes Wasser so den körpereigenen Mineralstoffhaushalt durcheinander bringen.

Warum leben Frauen länger als Männer?

»Männer haben's schwer, nehmen's leicht«, sang Herbert Grönemeyer schon in den 1980ern. Und er hatte Recht.

»Männer haben Muskeln,
Männer sind furchtbar stark.
Männer können alles,
Männer kriegen 'n Herzinfarkt …«

Nicht nur das.

Denn das wirklich schwache Geschlecht sind – die Männer. Das ist keine neue Munition im ewigen Kampf der Geschlechter, sondern die Erkenntnis von umfangreichen medizinischen Studien.

Ergebnis: Die Spezies Mann hat einen erheblichen Nachholbedarf in Sachen Gesundheit. Für die XY-Chromosomenträger ist Gesundheit nicht so wichtig, sie sind über die eigenen Gesundheitswerte schlecht informiert und nutzen die Angebote der Medizin zu wenig:

»Männer kümmern sich mehr um die ›Gesundheit‹ ihres Autos als um die eigene Vorsorge. So kennen wesentlich mehr Männer die Wartungsdaten ihres geliebten Fahrzeugs und checken regelmäßig Reifendruck, Kühlwasser- und Ölstand, kennen dessen Verbrauchswerte und leiden mit jedem Ächzen und jeder Unregelmäßigkeit des fahrbaren Untersatzes mit. Ihre eigenen Vorsorgechecks nehmen sie nur unzureichend wahr«, beklagen Experten.

Die Folge: Mit durchschnittlich 75 Jahren sterben Männer sechs Jahre früher als Frauen. Psychologische Faktoren spielen bei diesem Ungleichgewicht ebenso eine Rolle wie biochemische Abläufe im Organismus: Frauen achten besser auf ihre Gesundheit und haben genetische Vorteile.

Da ist zum einen der »Lifestyle« der Männer: Wissenschaftler beklagen, dass diese mehr Alkohol trinken, risikobereiter sind, zu viel rauchen, zu übergewichtig sind, sich mehr Stress aussetzen, zu wenig schlafen und häufiger hohen Blutdruck haben als Frauen. Jährlich sterben in Deutschland etwa 28 000 Männer an Lungenkrebs durch Rauchen, aber nur 8000 Frauen. Außerdem essen Männer gut anderthalbmal so viel Fleisch und Wurstwaren wie Frauen, gleichzeitig 20 Prozent weniger Obst und zehn Prozent weniger Gemüse.

Möglicherweise spielt auch die urtümliche Prägung eine Rolle:

- Frauen sind einsichtiger, was die »Körpersprache« betrifft. Sie reden eher über ihre Krankheiten und tauschen sich aus. Angeblich reden Frauen pro Tag 24 000 Wörter, Männer dagegen kommen mit weniger als der Hälfte aus. Weltweit ist die Selbstmordrate bei Frauen dreimal niedriger als bei Männern.
- Männer fressen zu viel in sich hinein, sprechen selten über Schmerzen und körperliches Leid.
- Rund die Hälfte aller Frauen gehen regelmäßig zur Krebsvorsorge, aber nur etwa 15 Prozent der Männer. »Ein Mann fühlt sich so lange gesund, bis er tot umfällt«, sagt dazu der österreichische Androloge (Männerarzt) Dr. Andreas Jungwirth.

Was tun? Erst einmal heiraten. Vergleicht man Paare mit Alleinlebenden, profitieren im Schnitt beide Geschlechter gesundheitlich von der Beziehung – jedoch die Männer stärker als die Frauen.

Gibt es den Eid des Hippokrates noch?

Die über allem stehende Wertschätzung des menschlichen Lebens: Das ist kurz gesagt das ethische Programm des hippokratischen Eides – einer Art Verhaltenskodex, dem Ärzte sich seit 2500 Jahren verschreiben.

Hippokrates von Kos war ein berühmter Arzt im antiken Griechenland des 4./5. Jahrhunderts vor Christus. Allerdings stammt der hippokratische Eid gar nicht von ihm. So heißt vielmehr eine Sammlung medizinischer Schriften namens *Corpus Hippocraticum,* zu denen auch ein Dokument unbekannter Herkunft mit dem so genannten Eid des Hippokrates gehörte. Obwohl Hippokrates von Kos nicht der Autor ist, darf man davon ausgehen, dass der Text seine geistige Haltung und seine hohen Moralvorstellungen widerspiegelte.

Der Wortlaut:

> »Ich schwöre bei Apollon dem Arzt und bei Asklepios, Hygieia und Panakeia sowie unter Anrufung aller Götter und Göttinnen als Zeugen, dass ich nach Kräften und gemäß meinem Urteil diesen Eid und diesen Vertrag erfüllen werde: Denjenigen, der mich diese Kunst gelehrt hat, werde ich meinen Eltern gleichstellen und das Leben mit ihm teilen; falls es nötig ist, werde ich ihn mitversorgen. Seine männlichen Nachkommen werde ich wie meine Brüder achten und sie ohne Honorar und ohne Vertrag diese Kunst lehren, wenn sie sie erlernen wollen. Mit Unterricht, Vorlesungen und allen übrigen Aspekten der Ausbildung werde ich meine eigenen Söhne, die Söhne meines Lehrers und diejenigen Schüler versorgen, die nach ärztlichem Brauch den Vertrag unterschrieben und den Eid abgelegt haben,

aber sonst niemanden. Die diätetischen Maßnahmen werde ich nach Kräften und gemäß meinem Urteil zum Nutzen der Kranken einsetzen, Schädigung und Unrecht aber ausschließen. Ich werde niemandem, nicht einmal auf ausdrückliches Verlangen, ein tödliches Medikament geben, und ich werde auch keinen entsprechenden Rat erteilen; ebenso werde ich keiner Frau ein Abtreibungsmittel aushändigen. Lauter und gewissenhaft werde ich mein Leben und meine Kunst bewahren. Auf keinen Fall werde ich Blasensteinkranke operieren, sondern ich werde hier den Handwerkschirurgen Platz machen, die darin erfahren sind. In wie viele Häuser ich auch kommen werde, zum Nutzen der Kranken will ich eintreten und mich von jedem vorsätzlichen Unrecht und jeder anderen Sittenlosigkeit fernhalten, auch von sexuellen Handlungen mit Frauen und Männern, sowohl Freien als auch Sklaven. Über alles, was ich während oder außerhalb der Behandlung im Leben der Menschen sehe oder höre und das man nicht nach draußen tragen darf, werde ich schweigen und es geheim halten. Wenn ich diesen meinen Eid erfülle und ihn nicht antaste, so möge ich mein Leben und meine Kunst genießen, gerühmt bei allen Menschen für alle Zeiten; wenn ich ihn aber übertrete und meineidig werde, dann soll das Gegenteil davon geschehen.«

Den »Eid des Hippokrates« kann man auch als Standesordnung lesen, und überhaupt wurde der vieldeutige Text über die Jahrtausende immer wieder neu gedeutet, angepasst und variiert.

Auch heute sind Ärzte an eine Vielzahl von ethischen

Regeln sowie an rechtliche und kassenrechtliche Bestimmungen gebunden – den originalgetreuen Eid des Hippokrates müssen sie allerdings nicht schwören.

1948 beschloss der Weltärztebund in Genf eine Neufassung der ärztlichen Berufspflichten, die sich an den hippokratischen Eid anlehnte und die in Deutschland im Heilberufe-Kammergesetz (HKaG) festgeschrieben wurde:

> »Bei meiner Aufnahme in den ärztlichen Berufsstand gelobe ich feierlich, mein Leben in den Dienst der Menschlichkeit zu stellen. Ich werde meinen Beruf mit Gewissenhaftigkeit u. Würde ausüben. Die Erhaltung u. Wiederherstellung der Gesundheit meiner Patienten soll oberstes Gebot meines Handelns sein. Ich werde alle mir anvertrauten Geheimnisse auch über den Tod des Patienten hinaus wahren. Ich werde mit allen meinen Kräften die Ehre u. die edle Überlieferung des ärztlichen Berufes aufrechterhalten und bei der Ausübung meiner ärztlichen Pflichten keinen Unterschied machen weder nach Religion, Nationalität, Rasse noch nach Parteizugehörigkeit oder sozialer Stellung. Ich werde jedem Menschenleben von der Empfängnis an Ehrfurcht entgegenbringen u. selbst unter Bedrohung meine ärztliche Kunst nicht in Widerspruch zu den Geboten der Menschlichkeit anwenden. Ich werde meinen Lehrern u. Kollegen die schuldige Achtung erweisen. Dies alles verspreche ich feierlich auf meine Ehre.«

Regelmäßige Nachbesserungen zu aktuellen ethischen Fragen formulieren die Ärztekammern.

Warum haben Männer Brustwarzen?

Frauen stillen Babys – dazu benötigen sie Brustwarzen. Klar.

Aber Männer?

Eine gute Erklärung für dieses Phänomen hat der Medizinische Dienst der Techniker Krankenkasse erarbeitet. Demnach liegt das Ganze an der »Verspätung eines biologischen Signals«.

Heißt: In der frühen Entwicklungsphase eines Embryos gibt es einen Zeitraum, in dem die Entwicklung von Jungen und Mädchen absolut identisch ist. Das Geschlecht wird zwar bereits bei der Befruchtung durch die Chromosomen des männlichen Samens festgelegt – aber bis zur siebten Schwangerschaftswoche werden für beide Geschlechter dieselben Anlagen gebildet. Auch die Anlage für Hoden und Eierstöcke unterscheidet sich zu diesem Zeitpunkt nicht.

In diesen ersten Wochen bilden sich die lebenswichtigen Organe. Aus dem Embryo entwickelt sich ab dem dritten Monat der Fötus. Arme und Beine sind gewachsen und die Hände und Brustwarzen sind ausgebildet. Nun kommen die Geschlechtshormone ins Spiel. Um das weibliche Geschlecht zu bilden, trennt sich das Harnwegs- vom Geschlechtssystem. Eileiter, Scheide und Gebärmutter entstehen aus den so genannten Müllerschen Gängen. Bei Jungen verkümmern die Müllerschen Gänge, der Rest bleibt unverändert und aus den so genannten Wolffschen Gängen entsteht beispielsweise die Samenblase.

Für die Rückbildung der weiblichen Anlagen ist das männliche Y-Chromosom verantwortlich. Es sorgt für die Ausschüttung des Hormons Testosteron und des so genannten Anti-Müller-Hormons. Ohne diese Ausschüttung entwickelt sich der Embryo zum Mädchen.

Männer besitzen also Brustwarzen, weil diese sich bereits

entwickelten, bevor das Signal zur Geschlechtertrennung kam. Dass auch die Männerbrust auf Hormone reagiert und wachsen kann, zeigt sich bei Bodybuildern, die sich mit Anabolika dopen.

Wieso wünscht man sich Hals- und Beinbruch?

Böse Geister sind Neidhammel. Ständig lauern sie Menschen auf, die laut ihr Glück preisen, um es dann lustvoll zu zerstören. So jedenfalls scheint es die Alltagserfahrung zu lehren.

Guten Freunden Krankenhausreifes zu wünschen ist also ein alter abergläubischer Trick: Man verkündet Negatives, um Positives zu erreichen, und leimt damit die finsteren Mächte.

Wieso ist unser Körper 36,8 Grad warm?

An sämtlichen chemischen Prozessen im Körper (etwa an der Aufspaltung der Nahrung in Kohlehydrate oder Fett) sind Enzyme beteiligt. Diese wirken als Bio-Katalysatoren: Sie koordinieren alle notwendigen Reaktionen.

Enzyme bestehen aus Eiweiß. Ihre Aktivität wird von der Körpertemperatur beeinflusst. Bei 36,8 Grad arbeiten Enzyme optimal. Daher produzieren wir zum Beispiel in der Sauna Schweiß, der durch Verdunstung abkühlend wirkt und die Körpertemperatur konstant hält.

Bei höheren Temperaturen zerfallen Enzymstrukturen. Aus diesem Grund sollte man spätestens bei 41 Grad Fieber umgehend zum Arzt.

Warum haben wir Weisheitszähne?

Vermutlich als natürlichen Zahnersatz. In früheren Zeiten, als Mund- und Zahnhygiene noch Fremdwörter waren, nutzten sich die Kauwerkzeuge sehr schnell ab. Sie fielen aus oder mussten gezogen werden. Dann übernahmen zusätzliche Zahnpaare die Funktion ihrer Nachbarn.

Heutzutage jedoch halten die Zähne dank Zahnarzt, Zahnbürste und Munddusche immer länger. Bei vielen Menschen wachsen Weisheitszähne im Kiefer mit, ohne je gebraucht zu werden. Irgendwann verursacht dieser »Verdrängungswettbewerb« Probleme – und dann müssen die ehemaligen Nothelfer entfernt werden.

Der Name »Weisheitszähne« kommt übrigens daher, weil sie in der Regel erst im Erwachsenenalter in die Mundhöhle hineinwachsen.

Was passiert beim Fingerknacken?

Es gibt Leute, die das Geräusch nicht ausstehen können – jenen Ton, den man durch kräftiges Zusammendrücken der gebeugten Finger hervorrufen kann. Oder indem man an den Fingern zieht.

Andere wiederum haben Spaß daran – besonders dann, wenn sie jemanden damit nerven oder dazu bringen können, zusammenzuzucken.

Beim Knacken von Gelenken kommt es zu einer plötzlichen Veränderung des Gelenkinnendruckes, wobei das Gelenk durch die ruckartige Überdehnung in eine andere Stellung gebracht wird. Dabei sinkt der Druck in der Gelenkkapsel schlagartig ab.

Dieser Unterdruck führt dazu, dass die in der Gelenkschmiere (Synovialflüssigkeit) gelösten Gase freigesetzt werden und entweichen – ganz ähnlich wie es das Kohlendioxid beim Aufschrauben einer Colaflasche tut.

Dabei bildet sich eine kleine Gasblase, die hörbar knackend zerplatzt. Es dauert eine Weile, bis die Gaskonzentrationen in der Gelenkschmiere wieder ansteigen, erst dann kann man das Gelenk erneut knacken lassen. Vom Prinzip her Ähnliches passiere auch beim Chiropraktiker, wenn er zum Beispiel Wirbelgelenke bei Blockaden wieder zurechtrückt, erklärt das Internetwissensportal »Brain Channel«.

Ist das gefährlich? Dieser Frage ist der *Zeit*-Journalist Christoph Drösser für seine Rubrik »Stimmt's?« nachgegangen:

»Gicht und Rheuma muss niemand befürchten, der gern mit den Fingern knackt. Aber so ganz unbedenklich ist die Angewohnheit auch nicht. Werner Zirngibl, ein bekannter Orthopäde, der vor einigen Jahren auch einmal Deutscher Tennismeister war, warnt vor Verschleißerscheinungen der Gelenke. Wenn die Gelenkkapseln und Bänder zu häufig überdehnt werden, dann können sie regelrecht ausleiern und an Stabilität verlieren. Sein Rat: Ab und zu mal knacken lassen ist ungefährlich. Dauerknacker sollten sich das Laster lieber abgewöhnen.«

Warum verursachen manche Speisen Blähungen?

Meistens liegt es an einer »blähungsfördernden Ernährung«, wenn wir zu viel Gas geben. Bei hastigem Essen wird etwa doppelt so viel Luft mit heruntergeschluckt als normalerweise. Auch besonders lufthaltige Nahrungsmittel – wie Softeis, Sahne, Getränke mit viel Kohlensäure oder Bier – verursachen Blähungen.

Früchte und Gemüse wie Bohnen, Erbsen, Linsen, Kohl

(Weißkohl, Wirsing), Lauch und Zwiebeln, Getreide sowie Nahrungsmittelzusätze wie Sorbit gehören ebenfalls zu den blähenden Nahrungsmitteln.

Allerdings nicht, weil sie zu viel Luft enthalten, sondern weil sie schwerer zu verdauen sind und für bestimmte Darmbakterien einen guten Nährboden bilden, um sich stark zu vermehren. Zersetzen die Bakterien dann den Darminhalt, entstehen große Mengen gasförmiger Spaltprodukte. Diese Gase blähen den Darm auf. Gemeinsam mit den nicht mehr vom Körper verwertbaren Stoffen werden die Gase zum Darmausgang geschoben und entweichen dort.

Auch Milch und Milchprodukte können bei manchen Menschen zu Blähungen führen. Wieso? Milch und Milchprodukte werden vom Körper mit Hilfe des körpereigenen Enzyms Laktase abgebaut. Dieses Enzym spaltet Milchzucker (Laktose), der in der Milch und in Milchprodukten enthalten ist. Fehlt das Enzym, gelangt der Milchzucker unverdaut oder nur teilweise verdaut in den Dickdarm. Dort wird er von Bakterien zu gasförmigen Spaltprodukten abgebaut, die zu Blähungen führen.

Diese so genannte Milchzucker-Unverträglichkeit kann angeboren sein oder sich im Laufe des Lebens entwickeln.

Warum schrumpelt die Haut beim Baden?

Die Haut schrumpelt beim Baden, weil Wasser in die Hornhaut (Oberhaut) eindringt. Diese oberste Schicht der Haut besteht aus abgestorbenen und entwässerten Zellen. Andere Zell-Inhaltsstoffe, wie zum Beispiel Salze, sind in diesen Zellen aber noch vorhanden – und genau hier liegt das Geheimnis der Schrumpelhaut: Die Salzkonzentration in den Zellen ist höher als im Bade- oder auch im Spülwasser. Es besteht also ein Konzentrationsunterschied. Und der wird in allen natürlichen Systemen – wenn möglich – ausgeglichen (Osmose).

Die Salzteilchen können aber nicht von den Zellen nach außen ins Badewasser gelangen, weil sie zu groß sind. Die Osmose funktioniert hier nur umgekehrt, also versucht das Badewasser den Konzentrationsausgleich herbeizuführen und dringt seinerseits in die Zellen ein. Dabei quellen die Zellen auf, und dieses »Mehr« an Volumen beansprucht Platz und wirft Falten.

Die Schrumpelhaut entsteht insbesondere da, wo die Hornhaut recht dick ist – nämlich an den Hand- und Fußinnenflächen. Dort gibt es keine Talgdrüsen, die einen schützenden Fettfilm bilden könnten (zit. nach www.brainchannel.de).

Warum wird ein blauer Fleck mit der Zeit gelb und grün?

Ein blauer Fleck entsteht, wenn durch einen Schlag oder Stoß kleinste Blutgefäße zerreißen und das Blut sich im Unterhautgewebe sammelt.

Der eisenhaltige rote Blutfarbstoff Hämoglobin schimmert dann blau durch (siehe auch »Beim Friseur: Haben Adlige blaues Blut?«).

Nach einigen Tagen wird dieses Hämoglobin vom Körper abgebaut. Dabei entstehen Abfallprodukte, und zwar vor allem ein grünlich gelber Gallenfarbstoff namens Biliverdin (von lateinisch »bilum« = Galle und »verdum« = grün).

Warum ist OP-Kleidung grün?

Normalerweise tragen Ärzte den sprichwörtlichen weißen Kittel – nur nicht im Operationssaal. Denn Weiß würde das starke Licht der OP-Lampen reflektieren und damit die Chirurgen und OP-Schwestern blenden. Die Farbe Grün dagegen wirkt für die Augen beruhigend.

Wieso kann man Beipackzettel kaum wieder richtig zusammenfalten?

Tablettenschachteln und andere Medikamentenpackungen sind in der Regel recht klein. Damit der Beipackzettel mit den umfangreichen Erläuterungen überhaupt hineinpasst, wird er von schweren Kunststoffrollen zusammengefaltet, die so viel Druck erzeugen, dass sogar die Luft aus den im wahrsten Sinne des Wortes papierdünnen Zwischenräumen zwischen den einzelnen Lagen herausgepresst wird. Das heißt, das Papier klebt förmlich aufeinander.

So etwas schafft natürlich kein Mensch, jedenfalls nicht mit bloßen Händen. Und deshalb ist es nahezu unmöglich, den Beipackzettel wieder in seine ursprüngliche Form zu bringen – das Papier biegt sich immer wieder auseinander.

Am ehesten funktioniert das Ganze noch, wenn die Packungsbeilage nach dem Lesen ganz exakt entlang der Knicke wieder zusammengefaltet wird.

Im Büro

Woher kommt das @-Zeichen?

Das @-Zeichen (gesprochen »Ätt«) oder auch »Klammeraffe« oder »Affenohr« ist die Ikone des Netzzeitalters. Es trennt in jeder E-Mail-Adresse den Namen des Empfängers von seinem elektronischen Postamt. Aufgerufen wird es je nach Computer zum Beispiel durch die Tastenkombination »ALT-Gr« plus »Q«.

Aber wie kommt es dorthin?

»@« ist ein altes kaufmännisches Symbol, das schon als Bleigusszeichen existierte. Händler verschmolzen im Mittelalter das lateinische »ad« (»zu« oder »zu etwas hin«) handschriftlich zu diesem Kürzel – drei Brote @ (zu) einer Krone, schrieb man zum Beispiel. Von der Kaufmannsschrift über die Schreibmaschinen der Buchhalter hat sich der gegen den Uhrzeigersinn gedrehte Kringelkreis ins Computerzeitalter hinübergerettet. Denn zur Gliederung von E-Mail-Adressen brauchte man ein eindeutiges Symbol, das keine Ziffer und kein Buchstabe sein durfte.

Wieso sind die Buchstaben auf einer Tastatur so durcheinander angeordnet?

Leute, die auf der Schreibmaschine nur mit zwei Fingern tippen, sind eigentlich im Vorteil – weil sie dabei in Ruhe überlegen können.

Aber was haben sich die Konstrukteure bei dem Buchstabensalat gedacht?

Verantwortlich dafür ist der amerikanische Buchdrucker

und Erfinder Christopher Latham Sholes. Der brachte 1874 die Schreibmaschine »Sholes & Glidden Type-Writer« auf den Markt. Handliche Geräte, die per Hebeldruck Buchstaben auf Papier brachten, hatte es zwar schon viel früher gegeben; aber Sholes ersann dazu eine einheitliche Tastatur, die er »QWERTY« nannte. Das Prinzip dahinter: Bei einer alphabetischen Anordnung der Tasten verhakten sich damals sehr oft die mechanischen Typenhebel und blieben hängen, weil beim schnellen Tippen der zuletzt berührte Typenhebel nicht genügend Zeit hatte zurückzufallen, bevor der nächste hochkam.

Also studierte Sholes die Häufigkeit und Abfolge der Buchstaben in den gebräuchlichsten englischen Wörtern und »verwürfelte« die Anordnung der Buchstaben auf dem Tastenfeld so konfus gegeneinander, dass die Hämmerchen der am meisten benutzten Zeichenkombinationen möglichst weit auseinander lagen.

Wie konnte diese verzwickte Tastenanordnung bis heute überleben?

Dazu heißt es im IT-Forum »Userchannel«:

Das QWERTY-Beispiel führen Ökonomen gern an, um die Theorie der »path dependence« zu belegen – der Abhängigkeit von dem Pfad, den man einmal eingeschlagen hat.

Diese Theorie besagt, dass sich mehr oder weniger zufällig auf dem Markt bestimmte Standards durchsetzen, die nicht unbedingt die beste Lösung sein müssen. Aber sobald sie sich etabliert haben, sind sie kaum mehr zu verdrängen. Als Zeitpunkt solch einer Etablierung wurde bisher der berühmte Schnellschreibwettbewerb am 25. Juli 1888 in Cincinnati angeführt, in dem Frank McGurrin auf einer »Remington« mit QWERTY-Tastatur gegen Louis Taub, der auf einer Calligraph-Schreibmaschine tippte, antrat und haushoch gewann.

Das lag aber nicht unbedingt an der QWERTY-Tastatur der Remington, sondern weil McGurrin der Erste war, der in einem Zehnfingersystem tippte, während Taub mit dem damals üblichen Adler-Suchsystem schrieb. Später gab es durchaus auch Schnellschreibwettbewerbe, in denen Schreiber auf anderen Tastatursystemen gewannen.

Untersuchungen der beiden Wissenschaftler Stan Liebowitz und Stephen Margolis zeigten, dass der Markt der unterschiedlichen Tastaturen noch bis in die zwanziger Jahre des vergangenen Jahrhunderts offen war. Doch alle anderen Systeme verpassten es, mit geeigneten wissenschaftlichen Studien und überzeugenden Vorführungen genügend auf sich aufmerksam zu machen, sodass sich das QWERTY-System immer mehr etablierte.

Was bedeutet der Ausdruck »sic«, den man manchmal in Büchern findet?

»Sic« ist lateinisch und heißt »so«.

Manche Autoren benutzen diese kurze, knackige Buchstabenkombination, um in Klammern darauf hinzuweisen, dass sie gerade aus einem Text zitieren, der einen Schreibfehler, etwas Unsinniges oder Entlarvendes enthält. »Sic!« bedeutet also: Es steht in der Vorlage genau »so« da und ist kein eigener Ausrutscher oder Irrtum.

Ist das Moorhuhn so doof wie im Computerspiel?

»Doof« ist nicht das richtige Wort – aber so vertrauensselig und wenig wehrhaft wie im Internetcomputerspiel »Moorhuhnjagd« ist das Federvieh tatsächlich.

Es lebt in Sumpf- und Heidegebieten Kanadas und Nord-

Eurasiens. Im Sommer ist es braun, im Winter färbt sich das Gefieder weiß. Moorhühner werden bis zu 40 Zentimeter groß und ernähren sich von Beeren und Früchten. In Alaska ist das arktische Moorhuhn »Willow Ptarmigan« offizieller Staatsvogel.

Wieso nicken wir beim Jasagen?

Verhaltensforscher deuten bejahendes Nicken als Demutsgeste: Indem wir den Kopf neigen, beugen wir uns dem Gesprächspartner und zeigen so Einverständnis. Umgekehrt drehen schon Babys den Kopf zur Seite, um einem unangenehmen Reiz auszuweichen. Daraus hat sich wohl das Kopfschütteln beim Nein entwickelt.

Was bedeutet o.k.?

Möglicherweise ist okay, abgekürzt »o. k.« (gesprochen »ohkkäh«), eine mundartliche Verballhornung des amerikanischen Ausdrucks »all korrect«, was so viel wie »alles klar« bedeutet.

Allerdings gibt es noch zahllose weitere Erklärungen für den wohl bekanntesten Anglizismus überhaupt. Etwa die, dass dem »O. K.« das Wort »okeh« aus der Sprache der Choctaw-Indianer zugrunde liege, was so viel wie »in der Tat« bedeutet.

Oder: Es handele sich um die Initialen von »Oswald Kowalski«.

Wer ist Oswald Kowalski? Ein ehemaliger Mitarbeiter des amerikanischen Autobauers Ford, der einst mit seinem Namenskürzel die vom Band gelaufenen Modelle für den Verkauf freigab.

Warum heißt eine Milliarde auf Englisch »billion«?

Englischlernende zerbrechen sich den Kopf darüber, und auch Kundige kommen oft noch ins Schleudern. Fremdsprachenlehrer nennen solche Wortpaare wie »a billion«/»die Billion« auch »falsche Freunde«: Wörter, die man wegen ihrer Ähnlichkeit unwillkürlich bedeutungsgleich verwenden möchte – die aber in den beiden Sprachen etwas Unterschiedliches bedeuten.

Im Deutschen bezeichnet »eine Billion« die Zahl 1 000 000 000 000, also eine Million Millionen. Ebenso im Französischen, Spanischen, Polnischen, den skandinavischen und vielen weiteren Sprachen – mit Ausnahme des Englischen, wo eine »billion« nur Tausend Millionen (also eine Milliarde) sind. Und was wir als Billion kennen, heißt dort »trillion«.

Heute jedenfalls.

Noch vor einer Generation wurden in Großbritannien »billion« und »milliard« mit derselben zahlenmäßigen Bedeutung verwendet wie in Deutschland. Doch 1974 stellte der britische Premierminister Harold Wilson vor dem Parlament klar, dass in offiziellen Dokumenten unter »billion« immer eine Milliarde zu verstehen sei, nachdem dieser Sprachgebrauch im Wirtschaftsleben bereits etabliert war. Heute sagt in Großbritannien jedermann »billion« für »Milliarde«.

Aber warum?

Da im Altertum kein Bedarf für sehr große Zahlen bestand, sind diese Bezeichnungen relativ neu. Der erste Nachweis des Begriffes »Billion« findet sich im 15. Jahrhundert, als der französische Mathematiker Jehan Adam 1475 von »bymillion« und »trymillion« schrieb. Er benutzte einfach die griechische Vorsilbe »bi« (zwei), um eine »Million hoch zwei«, also eine Million Millionen, als »bymillion« zu bezeichnen – genau dieselbe Bedeutung wie im heutigen Deutsch. Und die »trymillion« war bei ihm eine Million hoch drei (»tri« = drei).

Kurz danach fängt die Sache an, kompliziert zu werden.

Adams Kollege Nicolas Chuquet benutzte 1484 in seinem Buch *Triparty en la science de nombres* zwar auch die Begriffe »byllion, tryllion, quadrillion ...«, aber mal scheint er »byllion« als Milliarde, an einer anderen Stelle wiederum als Billion aufzufassen.

1549 verfasste der Mathematiker Jacques Peletier ein einflussreiches Arithmetiklehrbuch, in dem er das uns vertraute System »Million – Milliarde – Billion – Billiarde – ...« entwickelte. Dieses Peletier-System setzte sich in Großbritannien, Deutschland und anderen europäischen Ländern durch.

Aber: In Frankreich selbst etablierte sich ein abweichendes System, das auf Vielfachen von Tausend beruhte. Das geht so: Bei einer »Million« multipliziert man die Tausend »einmal« mit sich selbst. Entsprechend ist eine »bi-million« oder »Billion« die Zahl, die man erhält, wenn man Tausend »zweimal« mit Tausend multipliziert: Tausend mal Tausend mal Tausend – das gibt eine Milliarde. Für eine »Trillion« (»tri-million«) multipliziert man entsprechend die Tausend dreimal mit Tausend und erhält, was wir eine »Billion« nennen.

Amerika übernahm diese Interpretation aus Frankreich um 1800, als zwischen den beiden jungen Revolutionsländern ein reger intellektueller Austausch stattfand.

In Frankreich fand man dann in der Mitte des 20. Jahrhunderts das im übrigen Europa verbreitete Peletier-System logischer, und so wurde am 3. Mai 1961 durch einen Erlass der moderne Sprachgebrauch eingeführt: »billion« entspricht heute im Französischen wie im Deutschen einer Billion, während eine Milliarde »milliard« oder »mil million« (tausend Millionen) bedeutet.

Nicht so in den USA. Dort hat sich bis heute die »billion« als Milliarde gehalten. Und weil man vom großen Partner Amerika verstanden werden wollte, sickerte nach dem II. Weltkrieg die »billion« immer mehr als »Milliarde« in den Sprachgebrauch englischer Wissenschaftler und Ökonomen ein.

Bis Premier Wilson schließlich das Ganze offiziell absegnete.

Woher kommt das Wort »Spam«?

Sind es nun zehn oder gar 43 Minuten Arbeitszeit, die uns »Spam« täglich kostet – jene nervtötende Masse von E-Mails dubioser Herkunft, die die Mailbox verstopft mit Kreditangeboten bis hin zu Tipps für eine künstliche Penisvergrößerung?

Darüber sind sich die Experten uneins.

Woher der Begriff »Spam« kommt, hat dagegen der »Verein für Informationstechnologie« (?) genau recherchiert:

»Spam« ist die Abkürzung von »Spiced Pork And Ham«, einer Art gekochter Schweineschinken aus der Dose der amerikanischen Firma »Hormel Foods Corporation«. Dieses kulinarisch etwas zweifelhafte Produkt stand 1970 im Mittelpunkt eines Sketches der englischen Comedy-Show »Monty Python's flying circus«:

In einem Lokal sitzen einige als Wikinger ausstaffierte Personen beim Frühstück, als ein Ehepaar dazukommt. Die Kellnerin brüllt dem Paar über die Theke zu, was auf der Speisekarte steht, und in jedem Gericht kommt einige Male das Wort »Spam« vor. Die Wikinger beginnen schließlich im Chor zu grölen:

»Spam spam spam spam. Lovely spam! Wonderful spam! Spam spa-a-a-a-am spam spa-a-a-a-am spam. Lovely spam! Lovely spam! Lovely spam! Lovely spam! Lovely spam! Spam spam spam spam!«

Dadurch wird die Kellnerin empfindlich in ihren Bemühungen gestört, sich ihren neuen Gästen mitzuteilen. Aus diesem Sketch saugten Internetfreaks die Idee, lästige Texte in Chats, Foren, E-Mails etc. »Spam« zu nennen.

Warum sind Buchrücken mal rechtsrum und mal linksrum bedruckt?

»Linksrum« bedeutet in diesem Zusammenhang: Man muss den Kopf nach links neigen, um den Titel vom Buchrücken ablesen zu können, wenn das Buch im Regal steht. »Rechtsrum«: umgekehrt.

Das Forschungsmagazin der Universität Graz *(Unizeit)* hat sich mit diesem Alltagsrätsel ausführlich befasst – allerdings nur um am Ende einzugestehen, dass die »Buchrückenbeschriftungsorientierung« leider noch völlig unerforscht sei. Und das, obwohl es zur Verzweiflung des Autors »so gut wie kein Regal gibt – weder in der Bibliothek noch in der Buchhandlung –, das ausschließlich links- oder rechtsdrehende Bücher fasst. Im Gegenteil: Man kann fast wetten, dass diese beiden Sorten bunt gemischt sind.«

Stimmt auffällig. »Warum diese Inkonsequenz, diese Regellosigkeit im Regal? 400 Jahre Buchdruckkunst, Tausende Jahre Bücher – und keine Norm?« Nein, es gebe keine Norm, verlautbaren Buchhandlungen und Bibliotheken unisono.

Also forschte der *Unizeit*-Autor auf eigene Faust weiter:

Klar ist: Wenn es sich nicht gerade um die Bibel oder den Brockhaus handelt, ist der Buchrücken meist zu schmal, um den Titel waagerecht aufzudrucken. Also muss die Schrift um 90 Grad gedreht werden. Eine solche senkrechte Schriftzeile auf einem Buchrücken nennt der Drucker übrigens »gestürzte Zeile«.

In Deutschland scheint überwiegend gegen den Uhrzeigersinn »gestürzt« zu werden – was beim Stöbern in Buchhandlungen oder Bibliotheken zu einer Kopfdrehung nach links führt.

Im englischsprachigen Raum hingegen bevorzugen die Hersteller die Drehung mit dem Uhrzeigersinn – die Titel sind also »rechtsdrehend« zu entziffern.

Fazit: Zumeist hängt es offenbar von der Herkunft der Verlage ab, wie die Buchrückenbeschriftung gehandhabt wird: »Die meisten Buchweisen vermuten, dass es sich schlicht um eine Tradition handelt. Nachdenklichere Kollegen bemühen die These einer Art reflexartigen Verhaltens des Kopfes, der sich lieber nach links neige – deshalb die Linksbevorzugung bei den deutschen Verlagen.«

Es gibt jedoch auch in Deutschland Buchrücken, die »rechtsrum« bedruckt sind. Als Grund kann gelten: Den Verlagen liegt daran, dass der Buchrücken auch dann noch gut zu lesen ist, wenn das Buch nicht senkrecht im Regal steht, sondern waagerecht im Stapel präsentiert wird. Dann hat nämlich die Rechtsdrehung zur Folge, dass der Titel richtig herum steht (während er bei der Linksdrehung auf dem Kopf stünde). In der Rechtsdrehung drückt sich also eine Bestsellerhoffnung aus, denn nur Bestseller haben die Chance, in Buchhandlungen im Stapel präsentiert zu werden.

Und wieder andere »vertreten die Ansicht, dass die Bucheinband-Grafiker nach Lust und Laune (›Oder weil er beschwipst ist‹, so ein Statement) den Drehsinn festlegen«.

Wieso sind die Zahlen auf der Tastatur eines Taschenrechners anders angeordnet als bei einem Telefon?

Nämlich von unten links (1) nach oben rechts (9), genauso wie auch die Zahlentastatur beim Computer.

Während Telefon und Handy numerisch von oben links (1) nach unten rechts (9) genormt sind.

Manchmal hört man, die Telefonhersteller hätten absichtlich eine andere Anordnung gewählt, damit etwa Buchhalter, die das schnelle Bedienen von Rechnern gewohnt sind, am Telefon nicht so schnell tippen und damit die Wahlautomaten überlasten können. Doch das ist wahrscheinlich nur eine Legende.

Die wahren Gründe sind kaum mehr verlässlich zu rekonstruieren, aber es liegt wohl einfach daran, dass elektronische Taschenrechner und Tastentelefone relativ unabhängig voneinander in den späten 1950er Jahren entwickelt wurden.

Die Designer von Taschenrechnern gingen dabei von schon verbreiteten mechanischen Registrierkassen und Industrierechnern aus, bei denen die Tasten in Reihen von unten nach oben angeordnet waren – von links unten beginnend die erste Reihe für 1, 2, 3, ... 9; die zweite für 10, 20, 30, ... 90 und so weiter.

Daher lag es nahe, auch die 10er-Tastatur der Taschenrechner so anzulegen.

Die Hersteller von Tastentelefonen hingegen hatten die alten Wählscheiben vor Augen, bei denen die 1 oben und die

9 unten war. Zudem ergab eine Studie des Telefonriesen AT&T, dass Telefonierer am leichtesten zurechtkommen, wenn die Zahlen von oben nach unten angeordnet sind.

Hinzu kommt, dass auf den Telefonen neben Zahlen auch Buchstaben verwendet wurden – und bis heute verwendet werden. Würde man also das Taschenrechner-Layout übernehmen, dann stünde das Alphabet verkehrt herum auf der Tastatur. So entschieden sich die Telefonhersteller für die logischere Anordnung, die später etwa auch bei Bankautomaten übernommen wurde, während die Rechnerhersteller bereits einen anderen Standard etabliert hatten.

Noch heute findet man auf vielen Tastentelefonen die Buchstaben des Alphabets unter den Zahlen: 2 = A, B, C, 3 = D, E, F und so weiter. Wieso eigentlich?

Klar: Beim Handy braucht man die Buchstaben, um SMS zu verschicken.

Aber bei einem normalen Festnetzanschluss?

Die Erklärung dafür lautet schlicht: Tradition.

Vor 80 Jahren waren die Buchstaben Grundlage für ein Merksystem. In der Anfangszeit des automatischen Wählens wollte man vermeiden, dass die Benutzer sich lange Zahlenreihen merken müssen. Daher beschloss man in den 1920ern bei AT&T, die Telefonnummern teilweise in Worten auszudrücken. Statt »72« konnte man sich zum Beispiel »PA« merken oder auch »SB«, da auf dem Telefon 7 = P, Q, R, S und 2 = A, B, C aufgedruckt waren/sind.

Ist das so viel einfacher? Aus heutiger Sicht wohl nicht.

Aber damals glaubten Ingenieure, die Telefonbenutzer ganz langsam an den ungewohnten Umgang mit Zahlen heranführen zu müssen. Zunächst einmal wurde sogar nur per Hand vermittelt. Das hieß: Das »Fräulein vom Amt« anrufen, den Namen des gewünschten Teilnehmers sagen –

und man wurde verbunden. Dafür brauchte man sich nur eine Telefonnummer zu merken, nämlich die der Vermittlung.

Als es mit der Zeit immer mehr Teilnehmer gab, wurde das zu umständlich, und es musste etwas Automatisches her. Und das war zunächst ein System aus Buchstaben und Zahlen, weil die Erfinder befürchteten, reine Zahlenfolgen seien den Telefonkunden womöglich zu kompliziert. Erst in den späten 1950ern entschied die Industrie, den Umweg über Buchstaben und Kürzel zu verlassen und Telefonnummern nur noch als Zahl darzustellen.

Trotzdem nutzen auch heute noch viele Firmen die Buchstaben auf dem Telefon für den ursprünglichen Zweck: Telefonnummern leichter merkbar zu machen. So erreicht man etwa die Touristen-Information des US-Bundesstaats Vermont unter der Nummer 1-800-8376668. Schwer zu behalten? Also einfacher: 1-800-VERMONT.

Warum leuchten selbstklebende Briefumschläge beim Öffnen?

Rätselhaft: Wenn man selbstklebende Briefumschläge nicht aufreißt oder aufschneidet, sondern die gummierten Flächen auseinander zieht, ist ganz kurz eine violette Leuchterscheinung zu sehen. Sie kann wiederholt werden, wenn man den Umschlag erneut zuklebt und wieder öffnet. Was hat es damit auf sich?

Das farbige Leuchten heißt Chemolumineszenz. Es handelt sich dabei um Energie in Form harmlosen, sichtbaren Lichts, die frei wird, wenn die Anziehungskräfte zwischen den Molekülen des Klebstoffs aufgebrochen werden.

Wie oft kommt der Buchstabe F in diesem Text vor?
FINISHED FILES ARE THE RESULT OF YEARS
OF SCIENTIFIC STUDY COMBINED WITH THE
EXPERIENCE OF YEARS

Spontane Antwort: 3-mal.

Erst nach und nach wird deutlich: 6-mal.

Solche »Buchstabenratespiele« kursieren häufig im Internet und sorgen im Kollegenkreis immer wieder für Verblüffung.

Wieso ist es so schwierig, beim ersten Lesen die genaue Zahl der Fs anzugeben?

Weil wir daran gewöhnt sind, Wörter nicht Buchstabe für Buchstabe zu lesen. Dass wir wie selbstverständlich davon ausgehen, jede einzelne Zeile mit einem Blick gleichmäßig abzuscannen, ist eine der vielen Selbsttäuschungen, denen wir unterliegen.

In Wahrheit erfassen wir mit den zwei bis fünf Sakkaden (»Vorwärtssprünge«), die wir beim Lesen einer Zeile mit den Augen machen, den Text als Ganzes und deuten ihn auf Grund unseres Wortschatzes. Den Inhalt können wir also problemlos verstehen, auch wenn unsere Blicke schnell über die Zeilen hinwegfliegen – von kurzen, häufigen Wörtern nehmen wir dabei aber in der Regel ebenso wenig Notiz wie von Druckfehlern oder von bestimmten Buchstaben.

Schauen wir genauer hin, finden wir auch diese – allerdings erfassen wir nun umgekehrt die inhaltliche Bedeutung des Gelesenen kaum mehr.

Wieso sind Gerüchte so beliebt?

Ozzy Osbourne?

Ist das nicht der Typ, der einer Fledermaus den Kopf abgebissen hat?

Klar, das sagen doch alle.

Oder sagt man nur, dass alle das sagen?

Dann ist es wahrscheinlich ein Gerücht.

Wer nichts zu erzählen hat, keine Neuigkeiten liefert, gilt schnell als langweilig. Also erzählen wir. Oft genug, ohne Tatsachen und Vermutungen sauber zu trennen.

Und manchmal machen sich wilde Spekulationen selbstständig.

Dann nämlich, wenn Gerüchte einfache Antworten auf Fragen geben, die uns interessieren. Die uns bewegen.

Warum ist Cher so schlank? Weil sie sich eine Rippe hat entfernen lassen.

Wieso ist »die Neue« im Büro bei den männlichen Kollegen so beliebt? Weil sie mit jedem ins Bett geht.

Warum ist der Irakkrieg notwendig? Weil es dort Massenvernichtungswaffen gibt.

Gerüchte sind ein Spiegel unserer Ängste, Sensationslust, Aggressionen, die wir mit einer Zuhörerschaft teilen. Und sie blühen gerade dort, wo echte Informationen fehlen.

Wir wissen nicht wirklich, ob Cher ihre Wespentaille einer fehlenden Rippe verdankt – aber wem sonst traut man eine solch groteske Prozedur zu als diesem »singenden Frauenbaukasten« (so der TV-Lästerer Oliver Kalkofe)?

Wo Rauch ist, muss Feuer sein. Auch wenn es sich bei dem Qualm meistens nur um heiße Luft aus der Gerüchteküche handelt, »machen Gerüchte Geschichte«, erklärt der Literaturwissenschaftler Hans-Joachim Neubauer. Gerüchte bestimmen mit über die Wirtschaft, über den Sturz von

Politikern, geschäftliche Einbußen, gar über Kriege und Pogrome, in der gezielt intriganten Version über Ausgrenzung und Mobbing.

Und sie drücken ein »latentes Vorurteilswissen« aus.

Ozzy Osbourne zum Beispiel.

Könnte es nicht doch sein, dass …?

Es könnte.

1982, bei einem Konzert in Iowa, biss der »Prince of Darkness« in eine (tote) Fledermaus, die ihm ein Fan auf die Bühne geworfen hatte – allerdings in der Annahme, es handele sich um eine Gummi-Attrappe.

Heute lieben die Fans den Star der Reality-Soap »The Osbournes« dafür, dass er brummelige Selbstgespräche führt oder Tochter Kelly wegen eines Piercings verpetzt. Harmlos.

Zu harmlos fürs Bad-Guy-Image?

Kürzlich plauderte Gattin Sharon bei MTV aus, ihr Ozzy habe einer lebenden Taube den Kopf abgebissen.

Manche Gerüchte sind einfach zu gut, um nicht stimmen zu können.

Oder zu gut, um wahr zu sein?

Egal. Eins von beiden eben.

Was sind »Schnapszahlen«?

22, 33, 44 … Das sind Geburtstage, die man oft besonders feiert, weil es sich schließlich um eine »Schnapszahl« handelt.

Aber wieso nennt man Kombinationen wie 88 oder 777 »Schnapszahlen«? Ganz einfach: Wer viel Schnaps trinkt, sieht alles doppelt. Oder gar dreifach.

Beim Friseur

Wieso müssen Frauen beim Friseur mehr bezahlen als Männer?

Stimmt gar nicht – sagt der Zentralverband des Deutschen Friseurhandwerks. Die Preisunterschiede seien minimal.

So koste ein Nass-Haarschnitt im Herrensalon durchschnittlich 15,30 Euro, ein Nass-Haarschnitt im Damensalon 16,80 Euro.

Oder: Eine Farbanwendung im Herrensalon schlage im Durchschnitt mit 20,30 Euro zu Buche, im Damensalon mit 22,80 Euro.

Mag sein.

Aber Statistiken sagen nun einmal nichts über den Einzelfall aus. Und da sieht die Sache tatsächlich deutlich anders aus.

»Effektive Preisdifferenzen« ergeben sich laut Friseurinnung daraus, dass beim Haarschnitt im Damensalon die zusätzlichen Dienstleistungen, die separat nachgefragt werden oder auch im Komplettpreis enthalten sind, eine größere Rolle spielen als bei der reinen Männerdienstleistung. So habe zum Beispiel das Erstellen einer Damenfrisur durch Föhnen unter Verwendung festigender Substanzen und spezieller Fertigkeiten (z. B. Föhnen mit kleiner Bürste) eine ganz andere Bedeutung als beim Männerangebot.

Ein Grund dafür: »Männer und Frauen haben keine identische Haarstruktur und -qualität.«

Außerdem: Trotz modischer Annäherungen weichen die Frisurentrends und die damit verbundenen Erwartungen der weiblichen und männlichen Kunden deutlich voneinander ab. Dies führe in der überwiegenden Zahl der Fälle zu unterschiedlichen Haarkreationen mit unterschiedlichen Haarschneidetechniken und unterschiedlichen Frisurenfinish-Techniken, führt der Zentralverband weiter aus. Der zeitliche Aufwand eines Herrenhaarschnitts sei im Regelfall geringer als bei Frauen.

Und: Die meisten Frauen seien heutzutage immer noch modebewusster als Männer. Das zeige sich auch im Friseursalon: »Sie sind wesentlich anspruchsvoller bei der Verwirklichung ihrer Frisurenwünsche. Dieses Verhalten schlägt sich natürlich auch im Aufwand nieder. Im Vergleich zum männlichen Kunden muss der Friseurunternehmer erheblich mehr in fachliche Schulungen, modische Fortbildungen und Werbeveranstaltungen investieren, um die Modewünsche der Frauen erfüllen zu können. Hinzu kommt, dass die Verweildauer der Kundinnen im Durchschnitt wesentlich höher liegt als beim Mann.«

Mit anderen Worten: Der modische Anspruch der Frauen könne »allein durch aufwändige Beratungsgespräche angemessen erfüllt werden, die mehr Zeit in Anspruch nehmen, als es von männlichen Kunden gewünscht und praktiziert wird«.

Fazit: Bei der Preisfindung erfasst ein Friseurbetrieb den durchschnittlichen Aufwand für eine Dienstleistungskategorie. Deshalb ist es in der Regel nicht möglich, jeden Kunden in einem gesonderten Kalkulationsverfahren zu berücksichtigen, zumal der Friseur aufgrund der Preisangabenverordnung prinzipiell feste Preise auszeichnen muss.

Wie entstehen die natürlichen Haarfarben?

Ob blond, ob braun … Der Naturton unserer Haare wird durch den Gehalt an Melanin bestimmt. Melanin ist ein Pigment – also ein Farbstoff, der in speziellen Zellen an den Haarfollikeln (längliche Einstülpungen der Oberhaut, in denen der Haarschaft liegt) aus körpereigenem Eiweiß gebildet wird.

Unser Organismus produziert zwei verschiedene Typen von Melanin: Eumelanin (Schwarz-braun-Pigment) und Phaeomelanin (Rot-Pigment). Die Mischung dieser beiden Pigmente bestimmt die Haarfarbe. Und wie gemischt wird, bestimmen individuell die Gene. Je höher der Anteil der Schwarz-braun-Pigmente, desto dunkler die Farbe. Je höher der Anteil der Rot-Pigmente, desto röter die Farbe.

- Blondes Haar enthält also wenig Eumelanin und viel Phaeomelanin.
- Dunkles Haar enthält viel Eumelanin und wenig Phaeomelanin.
- Rotes Haar hat ebenfalls wenig Eumelanin und sehr viel Phaeomelanin.

Graue Haare entstehen, wenn die Produktion von Melanin nachlässt. Dann wird das Melanin zunehmend durch Einlagerung von Luftbläschen in den Haarschaft ersetzt. Graue Haare sind also eigentlich nicht »grau«, sondern farblos. Das ist in der Regel mit zunehmendem Alter so, kann aber auch mit bestimmten Krankheiten, Medikamenten, Kosmetika oder Metallen im Körper zu tun haben. »Über Nacht« werden Haare jedenfalls nicht grau, auch nicht bei einem Schock oder nach einem traumatischen Erlebnis.

Haben Adlige blaues Blut?

Natürlich nicht. Der Ausdruck »Blaublüter« stammt aus der Zeit, als Adlige sich durch die berühmte vornehme Blässe auszeichneten, weil sie nicht im Freien (etwa auf dem Feld) arbeiten mussten. Und bei heller Hautfarbe schimmern die Venen bläulich durch.

Aber wieso? Das ist ein Rätsel für sich.

Fragen wir den Kriminalisten und Biologen Dr. Mark Benecke:

»Der Grund, warum unser – stets mehr oder weniger rotes Blut – blau erscheint, muss offensichtlich irgendwo zwischen den Adern und dem Auge liegen. Die Umgebungsluft scheidet als Blaufärber aus. Zwar ist auch der Himmel blau, weil die Luftmoleküle die kurzwelligen blauen Anteile des Sonnenlichtes am leichtesten und daher am stärksten in unsere Augen streuen. Auf dem Weg zwischen Ader und Auge kommt dieser Blau-Färbe-Effekt mangels ausreichender Luftmenge jedoch nicht zum Tragen.

Was bleibt, sind die Haut und die darunter liegenden Schichten. Und tatsächlich zeigt sich bei näherer Betrachtung: Adern, die weniger als einen halben Millimeter unter der Haut liegen, erscheinen durchaus rötlich. Deshalb werden wir auch rot, wenn wir verlegen sind – und nicht blau.

Das Tageslicht reicht aber tiefer als einen halben Millimeter in die Haut. Trifft es auf die zwischen einem halben und zwei Millimetern unter der Haut liegenden Adern, so wird das kurzwellige blaue Licht reflektiert, während der langwellige rote Anteil absorbiert wird.«

Anders gesagt: Das rote Licht dringt tiefer in die Haut und wird vom Blut absorbiert. Übrig bleiben vor allem die blauen Anteile des Spektrums, die reflektiert werden und die wir sehen. Deshalb erscheinen Adern (nur) in dieser Gewebetiefe blau. Leuchtet man hingegen mit einer starken Taschenlampe durch die Hand, so zeigt sich wieder die wahre Farbe des Blutes: Es ist und bleibt rot.

Was bedeutet es, »Graf« zu sein?

Schlösser und Parks, historische Namen und Titel, der scheinbar glamouröse Lebensstil – ist es das, was uns am Adel fasziniert?

Vielleicht.

Doch was ist überhaupt ein »Graf«, ein »Herzog« oder eine »Freifrau«?

Das »Institut Deutsche Adelsforschung« klärt auf:

Der höchste Titel ist »Kaiser«. Ihn gab es schon im römischen Weltreich, wo er eigentlich zuerst ein Personenname von Julius Cäsar war, den die Römer und dann die Griechen »Kaisar« nannten. Da das römische Reich ein Weltreich war, verband man mit dem Begriff auch eine Weltmacht. Nach Erlöschen der römischen Macht in Europa wurde das Kaisertum im Jahre 800 von den Franken wieder aufgenommen, namentlich von Karl dem Großen, der sich in jenem Jahr vom Papst zum Kaiser krönen ließ.

Nach dem Aussterben der Karolinger wurde es vom deutschen König Otto I. 962 abermals erneuert. Bis zum Ende des Mittelalters wurde der jeweilige deutsche König vom Papst zum Kaiser gekrönt. Seit Maximilian I. führten die Habsburger den Kaisertitel bis 1806 ohne Krönung durch den Papst. Franz I. hatte die römische Krone niedergelegt und bereits 1804 die österreichischen Erbländer zum Kaisertum erhoben. Bis heute hat sich der Begriff gehalten, in Deutschland gab es bis 1918 einen »Deutschen Kaiser«.

In der Rangfolge an nächster Stelle steht der König als Träger der höchsten monarchischen Würde nach dem Kaiser, vom althochdeutschen »Chunni« abgeleitet, was so viel wie »Geschlecht« bedeutet.

Der König war Oberhaupt eines Stammes. In der Geschichte stritten sich weltliche (Kaiser) und geistliche Herrscher (Papst) um das Recht, den Königstitel zu verleihen. In Deutschland gab es zuletzt (1918) vier Könige, nämlich die von Bayern, Preußen, Sachsen und Württemberg. Der König hatte gegenüber den übrigen Fürsten den Vorzug gewisser Privilegien (Anrede: »Eure Majestät«) und er konnte auch selbst adeln.

Dann folgt der Herzog, abgeleitet vom lateinischen Wort »dux« – in Germanien ursprünglich ein nur für die Dauer eines Krieges gewählter Heerführer (Herzog = der mit dem Heer auszog). Später wurde er als Mittler zwischen königlicher Gewalt und den Grafen eingesetzt und durch Lehenshuldigung an das Reich gebunden. Mehrere Grafschaften wurden unter einem Herzog vereinigt. In Deutschland gab es Herzog- und auch Großherzogtümer bis 1918, die ebenfalls das Recht hatten, zu adeln.

Nach dem Herzog rangiert der Fürst – ursprünglich bei den Germanen ein vom Volk gewählter Richter und Heerführer (»furisto« = der Vorderste). Man unterscheidet geistliche (Erzbischöfe, Bischöfe) und weltliche Fürsten (hierzu zählen auch Mark- und Pfalzgrafen sowie Kurfürsten, die das Recht hatten, den Kaiser zu wählen). Seit 1918 regiert in Deutschland kein Fürstenhaus mehr, aber viele existieren noch.

Als Nächstes kommt der Graf, der anfänglich mit den Fürsten gleichgestellt war, später aber ihnen untergeordnet und von einem König oder Fürsten als dessen Beamter beziehungsweise Stellvertreter in einer bestimmten Verwaltungseinheit ernannt wurde (mit richterlicher und militärischer Vollzugsgewalt). Dafür durfte er Land nehmen oder erhielt für seine Dienste besondere Vorrechte. Verwaltungsbezirke unter Grafen nannte man Grafschaften. Später wurde der Titel »Graf« auch verliehen, ohne dass daran ein Amt gebunden war.

Dann folgt der Freiherr, im Mittelalter auch Edelherr genannt, ursprünglich die Bezeichnung eines »wahrhaft freien Mannes« im Gegensatz zum abhängigen Bauern. Die persönliche Freiheit des Freiherrn basierte auf Großgrundbesitz und selbstständig ausgeübten Herrschaftsrechten. Später wurde der Titel als Adelsrang verliehen, vor allem in Österreich, aber auch in Norddeutschland. Im späten Preußen war bis 1918 ein gewisses Vermögen und Einkommen an die Verleihung des Titels geknüpft. Der Freiherr ist der letzte titulierte Adlige.

»Baron« ist übrigens nur eine Anrede für einen Freiherrn (beziehungsweise Baronin für die Freifrau oder Baronesse für das Freifräulein).

Die größte Gruppe des Adels stellen die so genannten Untitulierten, die, wie der Name schon sagt, keinen Titel besitzen. Es sind dies Familien des Niederadels, die lediglich ein »von«, ein »von und zu«, ein »zu«, seltener auch ein »am« oder ein »vom« als Adelszeichen führen.

Wieso wird heute noch jemand zum Ritter geschlagen?

Die Verleihung von Land, Geld, Titel und Orden ist ein alter königlicher Brauch, mit dem die jeweiligen Monarchen ihre Gefolgsleute an sich banden. Auch heute noch habe nur die englische Königin das Recht, Titel und Adelswürden zu verleihen, erklärt der Adelsexperte Christian Kirsch (auf www.christian-kirsch.de).

Jeder Bürger Großbritanniens kann Briten, die sich irgendwie verdient gemacht haben, für eine Ehrung vorschlagen. Da die Queen Ehrungen auf Rat des Premierministers verleiht, müssen diese Vorschläge an das Büro des Regierungschefs geschickt werden. Adelstitel werden zweimal im Jahr verliehen: am offiziellen Geburtstag der Queen (im frühen Juni) und an Neujahr oder bei Regierungswechseln.

Der angehende Ritter kniet bei der Zeremonie vor der Königin, die ihm mit einer Schwertspitze auf die rechte und dann auf die linke Schulter tippt. Bei Geistlichen und ausländischen Staatsbürgern entfällt der Ritterschlag. Zur Zeit der Stuarts, die ständig in Geldnöten waren, wurden Titel auch verkauft.

Heute erhalten Menschen die Ritterwürde, die sich bedeutende Verdienste für die Nation erworben haben. Unter den Empfängern befinden sich zum Beispiel Schauspieler, Wissenschaftler, Schuldirektoren, Industriebosse und Musiker.

Ausländische Staatsbürger erhalten die Ritterwürde ehrenhalber, sie dürfen aber nicht den Titel »Sir« führen. Unter ihnen sind der ehemalige US-Präsident Ronald Reagan, Präsident Mitterrand und Ex-Bundeskanzler Helmut Kohl.

Wer war das deutsche »Fräuleinwunder«?

Die Schauspielerin Elke Sommer? Die Sängerin Nena?

Nein, das Original-»Fräuleinwunder« hieß Susanne Erichsen. Die Berlinerin wurde 1950 zur ersten Miss Germany nach dem Krieg gewählt.

Die dunkelhaarige Schönheit verkörperte einen gänzlich

neuen Frauentyp, weit entfernt vom Klischee des blondbezopften Nazimädels, und »machte Deutschland wieder chic«, urteilen Historiker.

Ihre aparte Schönheit und mondäne Eleganz verhalfen Susanne Erichsen zu einer sensationellen Karriere als Topmannequin und zu einem Leben zwischen Laufsteg und Fotoshootings. Sogar in Frankreich und Amerika schmückte sie die Titelblätter der wichtigsten Illustrierten und wurde dort zum deutschen »Fräuleinwunder« ausgerufen – »zu einer Zeit, als sich jeder nach neuen Idolen sehnte«, schrieb sie später in ihrer Biografie *Ein Nerz und eine Krone*.

Susanne Erichsen starb am 12. Januar 2002 im Alter von 77 Jahren.

Smalltalk

Warum geht gerade das schief, was nicht schief gehen soll?

»Jetzt bloß nicht stolpern!«, ermahnen wir uns selbst inständig, wenn wir schwer beladen mit zerbrechlichen Gegenständen durchs Wohnzimmer balancieren. Meistens passiert dennoch prompt eine mittlere Katastrophe.

Wieso eigentlich?

Amerikanische Psychologen haben herausgefunden: Der Gedanke, dass etwas unbedingt nicht eintreten darf, schwächt die motorische Kontrolle über unseren Körper. Versuchspersonen sollten ein Pendel über einem markierten Punkt ganz ruhig halten beziehungsweise Schwingbewegungen in eine bestimmte Richtung vermeiden. Bei den meisten jedoch steuerten unbewusste Muskelbewegungen das Pendel schon nach wenigen Minuten genau in die »verbotene« Richtung.

Der berühmte Psychiater Viktor E. Frankl prägte dafür den Ausdruck »paradoxe Intention«. Er hatte beobachtet, dass viele sehr perfektionsorientierte Menschen sofort verkrampfen, wenn sie sich etwas allzu stark vornehmen. Stimmt zusätzlich die Zielebene im Unterbewusstsein noch nicht ganz überein mit der Persönlichkeit, verstärkt das die automatische Verkrampfung noch. Frankl nannte dies eine Hyperintention – sie verhindere jede Form von Zielerreichung.

Der psychologische Ansatz, diese Verkrampfungssituation im Unterbewusstsein zu lösen, ist die Empfehlung, »paradox« zu handeln.

Frankl weiter: »Wenn ein Weg gefunden wird, der diese paradoxe Situation mit innerem Abstand und Humor löst, dann entsteht die Fähigkeit, entspannt zu kommunizieren. Es entsteht Freiheit. Automatisch stellt sich dann das gewünschte Ziel ein.«

Wieso bekommen Abgeordnete »Diäten«?

Mit einer »Diät« als spezifischer Form der Ernährung im Sinne von Abspecken hat die Bezahlung unserer Volksvertreter natürlich nichts zu tun.

Das Wort »Diät« in der Bedeutung von Besoldung ist vermutlich vom lateinischen »dieta« beziehungsweise dem französischen »diète« abgeleitet und heißt so viel wie »tagende Versammlung«.

Diäten sind keine Erfindung moderner Berufspolitiker – sie wurden im antiken Athen unter dem Staatsmann Perikles eingeführt, und beispielsweise auch die beauftragten Fürstenvertreter in den Feudalgremien der frühen Neuzeit erhielten Diäten als Aufwandsentschädigung und als symbolische Anerkennung der geleisteten Arbeit.

Im deutschen Kaiserreich bestand lange Zeit ein verfassungsrechtliches Diätenverbot. Die Reichsverfassung von 1867/71 verbot ausdrücklich die Besoldung und Entschädigung der Reichstagsabgeordneten. Die Mitgliedschaft im Parlament war also eine rein ehrenamtliche Tätigkeit; die Abgeordneten wurden in der Regel von ihren Parteien finanziell unterstützt.

Erst das »Entschädigungsgesetz« von 1906 sprach Abgeordneten wieder offiziell Bezüge für ihre Tätigkeit zu – nach insgesamt 29 gescheiterten Anläufen des Reichstages.

Was jedoch kaum jemand weiß: Im Abgeordnetengesetz

vom 1. April 1977 wurde der Begriff »Diät« ganz offiziell durch das Wort »Abgeordnetenentschädigung« ersetzt und der Anspruch der Parlamentarier auf eine »angemessene, ihre Unabhängigkeit sichernde Entschädigung« im Grundgesetz (Artikel 48) festgeschrieben.

Die Höhe der Diäten wird auf der Grundlage eines Berichts und einer Empfehlung des Bundestagspräsidenten vom Bundestag beschlossen.

Die Diät zum Abnehmen geht dagegen auf das griechische Wort »diaita« zurück, was man mit »gesunde Lebensweise« übersetzen kann.

Wieso ist die CDU »schwarz« und die SPD »rot«?

Als christliche Partei hat die CDU die Farbe Schwarz von den Talaren der Priester und Pastoren übernommen. Das Rot der SPD kommt von der Fahne der Arbeiterbewegung, die wiederum auf die grellrote Mütze der Jakobiner zurückgeht – der radikalsten Fraktion der französischen Revolutionäre von 1789.

Die FDP begründet ihre Farbkombination Blau/Gelb schlicht mit der hohen Signalwirkung und dem Wiedererkennungswert. Die Grünen wählten die Farbe der Vegetation und der Hoffnung als Sinnbild für den Stellenwert der Ökologie in ihrem Programm.

Warum muss die Wirtschaft ständig wachsen?

Die Natur zeigt es: Das Leben auf der Erde ist ein ständiges Werden und Vergehen.

In der Wirtschaft dagegen geht es nur um »Wachstum« – davon hängen Arbeitsplätze, Stabilität und Wohlstand ab.

Das ist recht schwierig zu verstehen.

Die Wochenzeitung *Die Zeit* bat Christoph Biemann, Autor der »Sendung mit der Maus«, um eine Erklärung. Biemann gelang es, die Problematik nachvollziehbar zu erhellen:

»Nehmen wir einmal an, allen ginge es gut, es würden genauso viele Kinder geboren, wie Tote begraben werden; Gesundheitssystem, Verkehrssystem, Schulsystem – alles wäre optimal ausgestattet. Trotzdem müsste die Wirtschaft wachsen. Warum? Dazu muss man sich erst eine andere Frage stellen: Was ist Wirtschaft?

Wirtschaft ist Austausch von Produkten und Dienstleistungen. Heute tauschen wir ja keine Kuhhäute gegen Feuersteine mehr. Für diesen Tausch benutzen wir Geld. Das ist viel praktischer. Aber woher kommt das Geld?

Bei uns von den Banken. Da sitzen Menschen, die Geld verdienen, manche ganz schön viel, die brauchen Häuser, Telefone und so weiter. Also Geld! Die Banken wollen also Geld dafür, dass sie Geld für die Wirtschaft zur Verfügung stellen, es verwalten, überweisen. Dieses Geld nehmen die Banken in Form von Zinsen ein. Und diese Zinsen, also das Geld für das Geld, müssen all die aufbringen, die in der Wirtschaft tauschen oder sich gar Geld leihen. Weil sie beim Tauschen immer nur den Gegenwert bekommen, müssen sie das, was das Geld kostet, also die Zinsen, zusätzlich aufbringen. Solange die Wirtschaft wächst, ist das kein Problem. Dann bekommen die Banken aus den Zuwächsen ihre Zinsen.

Bei uns müsste das Wirtschaftswachstum so ungefähr zwei Prozent betragen, damit das alles klappt. Zwei Prozent mehr pro Jahr, das klingt nicht nach viel. Aber zwei Prozent jedes Jahr bedeutet eine Verdoppelung nach 35 Jahren!

Doppelt so viele Autos, Blinddarmoperationen, Fernseher, Kühlschränke? Das ist schwer vorstellbar. Manches möchte man sich auch gar nicht wünschen, wenn man zum Beispiel an die Umwelt denkt.

In manchen Jahren liegt das Wachstum unter dem, was für das Geld ausgegeben werden muss. Für die Politiker ist das schlimm, denn sie können nicht, wie in früheren Jahren, aus dem Wachstum etwas verteilen. Sondern sie müssen Schulden machen, was wieder mehr Zinszahlungen bedeutet, und sie müssen den Leuten etwas wegnehmen – und das ist schwer, denn wer freut sich schon, wenn ihm etwas weggenommen wird? Die Politiker an der Regierung machen sich unbeliebt und können nur hoffen, dass die Wähler verstehen, dass die Opposition kaum was anders machen könnte.

Früher wurden diese Probleme durch Kriege, Revolutionen oder Ähnliches gelöst. Damit wurde die Wirtschaft sozusagen wieder auf null gesetzt, die Finanzminister waren ihre Schulden los, falls sie überlebt hatten, und alles konnte von vorn anfangen. Aber wer will schon Krieg? Auch mit dem Zusammenbruch von Börsen oder anderen kleinen finanziellen Katastrophen können wir heute Geld ›verbrennen‹. Wenn sich eine Lösung finden muss, hat sich bis jetzt noch immer eine gefunden.«

Wieso gibt man »Fersengeld«, wenn man flieht?

Wer wegrennt, zeigt die Ferse. Und wer den Fliehenden verfolgt, bleibt ihm auf den Fersen. Schon im 13. Jahrhundert war die Redensart »Fersengeld geben« für Zechpreller geläufig. Außerdem: Bei den Germanen mussten Soldaten, die aus einer Schlacht flohen, Strafe zahlen – »Fersengeld« war also das Bußgeld eines Deserteurs.

Wie heißen die ersten zehn Jahre eines Jahrhunderts?

Die goldenen Zwanziger sind ein geflügeltes Wort. Danach kommen die Dreißiger und so weiter. Vor den Zwanzigern indes fehlen uns die Worte.

Zur Jahrtausendwende wurden weltweit Wettbewerbe ausgeschrieben, die weitgehend fruchtlos blieben. Alles spricht dafür, die ersten zehn Jahre eines Jahrhunderts als Zehner zu bezeichnen und die 00er als »Nuller« oder Nullerjahre.

Das Problem: »Einen Zehnerwert gibt es bei den Jahreszahlen von 0 bis 9 nicht«, erläutert Dr. Dieter Herberg vom Institut für Deutsche Sprache in Mannheim:

»In der Ziffer der Jahreszahl wird diese Stelle mit einer 0 ausgefüllt: 00 bis 09. Es fehlt also die gemeinsame Basis für eine zusammenfassende Bezeichnung, wie sie für die Dekaden mit den Zehnerwerten 20, 30 usw. gegeben ist. Auch die von Jahr zu Jahr wechselnden Einer (0 bis 9) bieten keine entsprechende Grundlage. So kommt es, dass alle Bemühungen, trotz dieser objektiv bestehenden Schwierigkeit eine prägnante Bezeichnung für das erste Jahrzehnt zu schaffen, etwas Hilfloses haben, mitunter auch die Grenze zum Albernen überschreiten.«

Und die »Zehner«?

Herberg: »Dabei, dass die Benennung ›Zehnerjahre‹ bisher nicht allgemein üblich geworden ist, mag mitspielen, dass damit streng genommen die Jahre elf und zwölf nicht einbezogen sind, weil ihre Zahlennamen – im Unterschied zu dreizehn, vierzehn usw. – den Zehnerwert zehn nicht enthalten.«

Kleiner Trost: »Auch unsere Vorfahren vor 100 Jahren fanden beim Eintritt ins 20. Jahrhundert – also in vergleichbarer Situation – keine brauchbare Lösung. Über sich daraus ergebende Nachteile für die sprachliche Kommunikation ist nichts bekannt geworden. So darf man vermuten, dass es auch diesmal bei Umschreibungen (etwa der Art: ›das erste Jahrzehnt‹) im ersten Jahrzehnt des 21. Jahrhunderts bleiben wird.«

Recht hat er.

Nur dass es in Sachen Umschreibungen mitnichten bei »das erste Jahrzehnt« oder »die Zehner« geblieben ist. Weitere Vorschläge, aus dem Internet gefischt: »Millcenium«, »die Globalisierungsjahre«, »Chaosjahre«, »das Jahrzehnt der allgemeinen Verblödung«.

Was bedeuten die Farben der deutschen Flagge?

Diese Kombination geht auf die Uniform des Lützowschen Freikorps zurück. Das war eine militärische Freiwilligeneinheit, die von dem preußischen Major Adolf Freiherr von Lützow aufgestellt wurde und 1813 gegen Napoleon kämpfte. Schwarz war die Uniform, weil die Kleidung der Männer einheitlich eingefärbt werden musste, dazu kamen rote Aufschläge und gelbe Knöpfe. Somit traten zum ersten Mal die Farben Schwarz-Rot-Gold in Kombination auf – noch nicht als politisches Bekenntnis, sondern vielmehr »... war diese schmucklose Zusammenstellung ein Kind schwerster Notzeit«, erklären Historiker.

Dennoch wurden das Lützower Freikorps und dessen Farben zu einem Symbol des Einheitsgedankens, und als die Einheit Deutschlands zu einem der Hauptziele der Märzrevolution von 1848 wurde, war die schwarz-rot-goldene Fahne ihr Symbol.

Artikel 3 der Weimarer Reichsverfassung bestimmte schließlich Schwarz-Rot-Gold als Reichsfarben und in der entstehenden Bundesrepublik wählte man nach einer längeren Debatte ebenfalls diese Kombination als Staatssymbol. Das Anknüpfen an die demokratischen Traditionen der Paulskirche und der Weimarer Republik sowie die Betonung des Ziels eines vereinten Deutschland gaben den Ausschlag.

Woher stammt die Bezeichnung 08/15?

Der Begriff 08/15, den wir als Synonym für »Dutzendware« oder auch »unspektakulär« verwenden, kommt aus der Militärgeschichte. Im Ersten Weltkrieg wurde das deutsche Heer ab 1915 mit einem Maschinengewehr der Modellreihe 08 versehen – dem MG 08/15. Die Waffe gehörte bis Kriegsende zur Standardausrüstung.

Woher kommt der Aprilscherz?

Der 1. April gilt seit Jahrhunderten in vielen Ländern als der Tag, an dem man sich gegenseitig ungestraft verulken darf. Woher der Brauch stammt, jemanden »in den April zu schicken«, weiß niemand so genau. Die Erklärungsversuche sind ähnlich vielfältig wie die Aprilscherze.

Die Wurzeln werden in den Traditionen eines römischen Narrenfestes zu Ehren des Kriegsgottes Mars oder des indischen »Hulfestes« vermutet, bei denen Schabernack eine große Rolle spielte. Wahrscheinlich besteht auch ein Zusammenhang mit Frühlings- und Fastnachtsbräuchen. Andere machen schlicht das launische Aprilwetter für den Brauch verantwortlich.

Doch es gibt auch abenteuerlichere Erklärungen wie die aus Frankreich: Danach verlegte König Karl IX. 1564 das Neujahrsfest, das bis dahin zu Ostern (also um den 1. April) gefeiert wurde, auf den 1. Januar. Doch es dauerte eine Weile, bis die Regelung allgemein bekannt wurde. Daher verschickten Witzbolde Einladungen zu den gewohnten Festessen weiterhin am 1. April – die dann gar nicht stattfanden. Söldner brachten den Brauch später nach Deutschland.

Andere April-Forscher suchen das Vorbild in mittelalterlichen Passionsspielen, die man meistens Anfang April aufführte – und in denen Christus unnütz von Herodes zu Pilatus und von Hannas zu Kaiphas herumgeschickt wurde.

Auch ein Erlass im Augsburger Reichstag von 1530 könnte Ideengeber gewesen sein. Hier sollte am 1. April der Reichstag einberufen und eine Münzreform verabschiedet werden. Der Reichstag wurde verschoben und viele Spekulanten, die Geldschiebereien vorbereitet hatten, verloren ihr gesamtes Vermögen. Der einfache Mann von der Straße freute sich und grüßte mit »April, April«.

Wieso sind wir kitzelig?

Das Kitzeln sei dazu da gewesen, etwas Fremdes auf unserer Haut rechtzeitig wahrzunehmen – etwa Spinnen. Das behaupten jedenfalls einige Wissenschaftler. Doch diese »Reflex«-Theorie ist nur eine von mehreren.

Andere Forscher glauben, dass Kitzeln in erster Linie eine soziale Komponente hat. So gehöre Kitzeln zu den ersten Verhaltensweisen, die Mutter und Kind aneinander binden. Dass sich nach einiger Zeit auch unangenehme Gefühle dabei einstellen, halten die Wissenschaftler für eine kluge Doppelstrategie der Natur: So werde das Kind zugleich ermutigt sich zu verteidigen, wenn es ihm zu viel wird.

Und wieso kann man sich nicht selbst kitzeln?

Man kann schon – nur spüren tut man es nicht.

Das liegt an einem Filtermechanismus im Gehirn, der die Wahrnehmung selbst verursachten Kitzelns verhindert. Unser Organismus ignoriert einfach die dadurch ausgelösten Empfindungen. Denn bei der Flut von Reizen muss sich das Gehirn auf die wirklich wichtigen konzentrieren.

Wieso juckt es manchmal?

Am Anfang gibt es immer einen Auslöser für den Juckreiz: Das kann ein Insektenstich oder eine Pflanze mit juckenden Haaren wie die Brennnessel sein. Oftmals ist in dem Pflanzen- oder Insektengift Histamin enthalten, eine Substanz, die eine Schlüsselrolle bei der Juckreizauslösung spielt.

Was dann passiert, haben Wissenschaftler für die TV-Sendung »Quarks und Co.« detailliert ergründet:

»Das Histamin dringt in die Haut ein und reizt dort bestimmte freie Nervenendigungen (die ›Juckreizfasern‹), die Nerven schicken die Erregung ans Zentralnervensystem, wo die Empfindung als Juckreiz registriert wird. Gleichzeitig führt das Histamin dazu, dass ›vor Ort‹ das Gewebe anschwillt, es bildet sich eine Quaddel.

Die Juckreiznervenfasern sind verzweigt wie kleine Bäumchen: Gelangt ein Juckreiz an ein ›Ästchen‹ des Nervs, so wird die Erregung nicht nur Richtung Rückenmark geschickt, sondern auch entlang der anderen Ästchen zurück an die Hautoberfläche. Die erregten Nervenendigungen setzen bestimmte Eiweißstoffe frei, und diese Eiweißstoffe führen wiederum dazu, dass sich die Blutgefäße weiten. Die Folge: Die Haut wird besser durchblutet und rötet sich.

Weil die Juckreizfasern so weit verzweigt sind und die Erregung in alle Endigungen weitergeleitet wird, ist diese Hautrötung wesentlich großflächiger als die Quaddel, die sich direkt am Einstichort gebildet hat. Achten Sie mal bei Ihrem nächsten Mückenstich darauf!

Aber nicht nur Substanzen, die von außen in die Haut eindringen, können Juckreiz auslösen. Auch die Haut selbst kann einen Juckreiz produzieren.

In der Lederhaut sitzen bestimmte Zellen des Immunsystems, die so genannten Mastzellen. Diese Mastzellen sind angefüllt mit lauter Histaminkügelchen (die gleiche Substanz, die auch in dem Mückengift enthalten ist). Bestimmte Reize können diese Mastzellen zum Platzen bringen, sodass – genau wie beim Mückenstich – der Juckreiz an dieser Stelle in der Haut ausgelöst wird. Als Auslöser kommen bestimmte chemische Stoffe (z. B. Nickel bei einer Nickelallergie), aber auch physikalische Reize (bei manchen fängt die Haut an zu jucken, wenn man einen Eiswürfel drauflegt oder sie mit einem zu rauen Handtuch abreibt) oder allergische Reaktionen auf ein Nahrungsmittel in Frage.« (Zit. nach www.quarks.de)

Gibt es den Index des Vatikans noch?

Karl May fand sich ebenso auf der schwarzen Liste wie der Glöckner von Notre-Dame. Galilei stand genauso unter Zensur wie Kopernikus, Sartre oder Zola. Selbst Kirchenväter wie Thomas von Aquin, antike Schriften von Plato und Aristoteles oder die Werke von Ovid und Hippokrates führte die katholische Kirche auf dem berüchtigten »Index« der verbotenen Bücher, der 1559 als Reaktion auf die Reformation entstand.

Über 400 Jahre, bis zum 14. Juni 1966, hat sich der »Index« gehalten, dann jedoch wurde er durch die vatikanische Kongregation für die Glaubenslehre zu den Akten gelegt. Im

Januar 1998 ordnete der Präfekt der Glaubenskongregation, Joseph Kardinal Ratzinger, an, die Archive der Römischen Inquisition und Indexkongregation für die Wissenschaft zu öffnen.

Warum gibt es Linkshänder?

Unser Gehirn ist seitenverkehrt verdrahtet: Die rechte Körperseite wird von der linken Gehirnhälfte kontrolliert – und umgekehrt. Nur bei einigen wenigen Menschen ist das Bewegungszentrum in beiden Hirnhälften gleich stark ausgebildet. Diese Zeitgenossen können bei allen Tätigkeiten beide Hände gleich gut benutzen. Doch meistens überwiegt die linke Hirnhälfte. Das bedeutet: Der- oder diejenige ist Rechtshänder.

Bei Linkshändern dagegen dominiert die rechte Hirnhälfte. Warum das so ist, weiß bis zum heutigen Tag niemand. Mediziner vermuten, dass möglicherweise hormonelle Einflüsse im embryonalen Stadium die ungleiche Entwicklung der beiden Hirnhälften verursachen.

Die Tatsache, dass es deutlich mehr Rechtshänder als Linkshänder (nur fünf bis zehn Prozent aller Menschen) gibt, erklären Forscher mit der Entwicklung von Axt, Dolch und Schwert. Diese Waffen wurden praktischerweise in der rechten Hand getragen, weil die linke den Schild hielt, um das Herz zu schützen. Aus diesem Grund seien die meisten Menschen im Laufe der Jahrtausende zu Rechtshändern geworden.

Wieso klingt die eigene Stimme im Lautsprecher fremd?

»Wir alle kennen die Überraschung, wenn man zum ersten Mal seine aufgenommene Stimme hört: ›Das bin doch nicht ich!?‹ Es ist daher dringend davon abzuraten, als Sänger alleine loszuziehen, um ein Mikro zu kaufen. Ebenso ist es ein hoffnungsloses Unterfangen – ohne jahrelange Erfahrung –, den eigenen Gesang abmischen zu wollen…«

So warnt ein HiFi-Forum im Internet alle Nachwuchssänger.

Und es stimmt: Die meisten Menschen sind irritiert bis unangenehm überrascht, wenn sie ihre eigene Stimme auf Tonband hören oder über ein Mikrofon/einen Lautsprecher. Kein Wunder, denn die menschliche Stimme ist ein sehr vielseitiger Schallerzeuger – ein Lautsprecher nicht.

Genauer gesagt: Beim Sprechen nehmen wir unsere Stimme als eine Mischung aus Luft- und Körperschall wahr. Luftschall – das ist dabei der Schall, der aus dem Mund von außen her ans Ohr dringt. Körperschall wird dagegen von den Lauten in unserem Körper erzeugt, von den Schwingungen der Schädelknochen, des Rachenraums und des Kehlkopfs zum Beispiel.

Am Mittelohr, nahe beim Trommelfell, werden wie in einem Mischpult Luft- und Körperschall zu einer harmonischen Wahrnehmung des Gesagten gemixt.

Ein Mikrofon aber kann keine Körperresonanz einfangen, sondern nur den Luftschall. Deshalb klingt die Stimme bei der Wiedergabe für unsere Ohren so unnatürlich.

Wieso ist Freitag, der 13. ein Unglückstag?

Genaue Zahlen darüber, wie weit die Angst vor Freitag, dem 13. tatsächlich verbreitet ist, gibt es nicht. Eine Umfrage dazu (vom Institut für Demoskopie, Allensbach) zeigte, dass 19 Prozent der Männer und 26 Prozent der Frauen der Zahl 13 eine besondere Bedeutung beimessen. Dem Freitag übrigens nur sieben beziehungsweise zehn Prozent.

Wieso eigentlich? Statistisch gesehen passieren an den berüchtigten »schwarzen« Freitagen nicht mehr Unfälle als an normalen Freitagen. Eine anders lautende Studie des ADAC aus dem Jahr 1984 ist längst als methodisch fehlerhaft widerlegt: Der Automobilclub nahm drei solcher Freitage in jenem Jahr unter die Lupe, von denen zeigten zwei den normalen Durchschnittswert der freitäglichen Unfallhäufigkeit auf unseren Straßen. Verantwortlich für das vermeintliche Desaster war allein Freitag, der 13. Juli. An diesem Tag begannen in mehreren Bundesländern die Sommerferien und das stark erhöhte Verkehrsaufkommen führte natürlicherweise auch zu mehr Unfällen.

Freitag, der 13. – das ist kaum mehr als »ein Kokettieren mit dem Unglück«, hat auch der Volkskundler Dr. Gunther Hirschfelder von der Universität Bonn erforscht. Ähnlich wie Muttertag oder Halloween sei Freitag, der 13. eine modische Erfindung, die keineswegs auf uraltes Erfahrungswissen und Überlieferungen zurückgehe.

In früheren Zeiten maßen die Menschen nahezu allen Zahlen und Wochentagen eine spezifische Symbolik zu – und sowohl der Freitag wie auch die 13 waren je nach Region ebenso häufig positiv wie negativ besetzt.

Erst im 20. Jahrhundert machte Freitag, der 13. als Unglückstag und postmoderner Markierungspunkt Karriere. Da nämlich brachten findige Journalisten ihn mit dem Börsencrash vom Mai 1927 und der beinahe gescheiterten Apollo-13-Mission von 1970 in Verbindung.

Warum spucken manche Männer dauernd?

»Wenn ich mich in die Stadt begebe und zur Bahnhaltestelle gehe, schaue ich ab und zu, wenn auch eher unfreiwillig, auf den Boden und sehe dort diese kleinen, widerlichen Schnodder- und Spuckeflecken«, zürnt »Majka« im Internetforum www.lovetalk.de dem männlichen Geschlecht: »Im Sommer glänzen sie in der Sonne, im Winter kleben sie festgefroren auf den Steinen ... Warum tut ihr Typen so was?«

Gute Frage.

Majkas männliche Mitleser im Lovetalk-Forum wussten es auch nicht.

Einige Erklärungsversuche: »Bin so was wie ein Mann. Aber erklären kann ich's mir auch nicht. Find's auch total unhöflich.«

Oder: »Gehöre zwar auch dem männlichen Geschlecht an, aber muss auch immer diesen kleinen Ansammlungen ausweichen und find's auch ekelhaft ... Aber irgendwie machen das hauptsächlich diese besagten pseudocoolen Jugendlichen oder vor allem ältere Herren.«

Oder: »Majka, mir hat man mal als Erklärung gegeben, dass es wohl hauptsächlich daran liegt, weil es mit dem Rauchen einfach noch nicht so richtig klappen will – sprich der Tabak brennt auf der Zunge.«

Eine wissenschaftliche Erklärung für das Phänomen lieferte Dr. Gitta Mühlen-Achs von der Fakultät für Psychologie und Pädagogik der Universität München im Magazin der *Süddeutschen Zeitung:*

»Es ist tatsächlich wissenschaftlich erwiesen, dass in unserem Kulturkreis nur bestimmte Männer öffentlich ausspucken. Genauso erwiesen ist auch, dass es für das öffentliche Ausspucken keine biologische Ursache gibt. Man sieht dieses Verhalten vor allem unter Sportlern, Jugendlichen und Männern aus unteren sozialen Schichten. Aber selbst sportliche Anstrengungen rechtfertigen das Spucken nicht, Sportlerinnen tun's ja auch nicht.

Die psychologische Ursache ist eine Form von Männlichkeitsritual. Wer öffentlich ausspuckt, verstößt gegen die gängige Vorstellung von gutem Benehmen. Damit demonstriert man Überlegenheit. Darum spucken Männer auch fast nur in der Gruppe.«

Wie auch immer: Die Stadt Bad Kissingen hat mittlerweile eine »Wegwerfsatzung« erlassen, nach der es 100 Euro kostet, auf den Bürgersteig zu spucken. Spucken in Grünanlagen ist 50 Euro billiger.

Woran liegt es, dass alles immer schneller kaputtzugehen scheint?

Beim neuen Auto löst sich die Motoraufhängung. Die Airbag-Kontrollwarnleuchte geht an und nie wieder aus. Die Heizung wärmt nicht richtig.

Made in Germany?

Stimmt: Irgendwas scheint da faul zu sein, sodass überall eine dicke Made beziehungsweise der Wurm drinsteckt.

Der Toaster explodiert. Ein großes Spielzeugunternehmen nimmt Kindertaschenlampen wegen eines Fehlers im Batterieschaft wieder vom Markt: »Es entsteht eine erstaunliche Hitze und spritzt stark«, verlautbart eine Firmensprecherin.

Ein Bekleidungshersteller startet eine Rückrufaktion für

Damenpullover, die sich als leicht entflammbar herausgestellt haben.

Ein Heimwerker-Mehrzwecktisch für die Holzbearbeitung wird wegen eines fehlerhaften Sicherheitsschalters zurückgezogen. Ein Mitbewerber sammelt Funkentstör-Platinen für die Modelleisenbahn wieder ein – in »ungünstigen Fällen« könne eine Brandgefahr nicht ausgeschlossen werden.

Murks in Germany?

An dieser vagen Ahnung vieler Verbraucher ist tatsächlich etwas dran.

»Die Geräte sollen toll aussehen und funktionieren – aber dies nicht allzu lange«, argwöhnte schon vor einigen Jahren der Wirtschaftsberater Günter Ogger in seinem Buch *König Kunde angeschmiert und abserviert:* »Schließlich möchte man möglichst bald den Nachfolger des soeben frisch auf den Markt gebrachten, hochinnovativen Produkts verkaufen.«

Und deshalb schade es nicht, wenn nach einiger Zeit irgendein kleines, aber entscheidendes Bauteil in dem hervorragend durchgestylten Apparat seinen Geist aufgebe. »Geplanten Verschleiß«, nannte Ogger das.

»Entlarvungswahn«, schelten dagegen Vertreter von Industrie und Handel diese Nörgelei.

Hinter jedem Mangel ein gemeines Kalkül?

Hinter jeder Panne eine geheime Verschwörung?

Anruf bei der »Stiftung Warentest«: »Das gehört nicht zu unserem Rechercheumfeld«, wehrt die Dame von der Pressestelle schon nach den ersten Sätzen ab. Langlebigkeitstests habe man »nur mal mit Waschmaschinen« gemacht. Und da gebe es tatsächlich »gravierende Unterschiede« von drei Monaten bis zu elf Jahren.

Allerdings verbiete sich daraus die »generelle Aussage, dass alles immer kurzlebiger wird«. Wirklich?

Bei der »Arbeitsgemeinschaft der Verbraucherverbände« in Bonn zeigt man sich immerhin am Thema durchaus interessiert. »Interessante Frage«, lobt der Referent für Produktsicherung. »Aber schwierig.« Und kommt sodann selbst ins Grübeln.

Zahlen? Daten? Statistiken? Fehlanzeige. Also ist es doch nur eine Unterstellung, dass die Produkte trotz ständiger Qualitätsbeteuerungen der Hersteller nicht besser, sondern eher schlechter werden?

»Das ist vielleicht mehr als nur eine Vermutung«, meint der Verbraucherschützer bedächtig. »Aber wir haben keine Fakten, weil uns die Industrie darüber natürlich nichts erzählt.«

Haben denn die Beschwerden bei seinem Verband zugenommen?

»Nö, eigentlich nicht. Aber das könnte natürlich auch daran liegen, dass sich die Leute schon damit abgefunden haben.«

Etwas gesprächiger wird ein netter Herr von der Arbeitsgemeinschaft deutscher wirtschaftswissenschaftlicher Forschungsinstitute – nicht ohne eindringlich darauf hinzuweisen, dass er nur eine »logisch hergeleitete«, keinesfalls aber empirisch gesicherte Meinung äußere. Und die stellt sich grob so dar:

Überall wird rationalisiert. Aus Sparsamkeitsgründen sind sowohl die Zulieferungs- wie auch die Produktionsprozesse bis zur letzten Minute und bis zum letzten Mann ausgereizt: »Es gibt einfach keine Puffer mehr. Schon kleinste Störungen im Produktionsablauf können dann weit reichende Wirkung haben.«

Außerdem erzeuge der mörderische Wettbewerbsdruck den Zwang, »schnell zu sein«. Und das führe zu unausgereiften Produkten.

Das klingt tatsächlich einigermaßen logisch.

Schlendern wir doch nur einmal durch einen Elektrofachmarkt. Der größte Teil der Bevölkerung hat seinen Grundbedarf an Gebrauchsgütern längst gedeckt. Die Haushalte sind mit Fernsehern, HiFi-Anlagen, Waschmaschinen, Tiefkühltruhen, PCs und Handys ausgestattet. Neuer Bedarf kann fast nur noch durch geschmäcklerische Nuancen geweckt werden. Oder durch weitgehend sinnfreie technische »Innovationen« wie Multifunktionstasten für Funktionen, die kein Mensch braucht.

So ist zum Beispiel ein Handy auf dem Markt, das telefoniert, archiviert, faxt, e-mailt und im Internet surft. Benutzen soll man die Allzweckwaffe laut Bedienungsanleitung allerdings »nur in der normalen Betriebsposition (am Ohr)«. Wie man dann aber an die Tastatur rankommen und im Display lesen soll, bleibt das Geheimnis der Konstrukteure.

Auch die 40 Programmspeicher an neueren Autoradios sind wenig mehr als Abfallprodukte eines konkurrenzbedingten Entwicklungswahns. Und der hat zweierlei Folgen: Immer kompliziertere Extras erhöhen das Risiko von Fehlfunktionen und verkürzen zugleich die Lebensdauer der Güter.

Alle paar Monate kommt eine neue Computergeneration auf den Markt. Mindestens so rasch wird das kleinste Handy vom noch kleineren abgelöst. »Ein Dreivierteljahr haben die Anbieter Zeit, ihre Ware zu verkaufen«, sagt der Marketingprofessor Manfred Bruhn von der Universität Basel. Danach wird das vormalige Hightechwunder schon wieder als Restposten verhökert. Was zählt, ist nur noch »time to market« – die Zeit also, bis ein neues Produkt auf den Markt kommt. Das irrwitzige Tempo fordert seinen Preis. Die Unternehmen lagern die Tests einfach aus, stellt der Schweizer Wirtschaftshistoriker Jakob Tanner fest: »Heute werden Produkte vielfach direkt auf dem Markt getestet, vorherige gründliche Untersuchungen entfallen.« Verstärkter Wettbewerb heiße für die Unternehmen, dass sie mehr wagen müssen. »Da gehören Fehler dazu.«

Auch der Autokäufer »muss sich heute als das letzte Glied in der Entwicklungskette betrachten«, kommentierte das Fachblatt *Auto, Motor, Sport* die zahlreichen Rückrufe der vergangenen Jahre – während die Hersteller dreist genug sind, Nachbesserungsaktionen zu einer Art »vertrauensbildender Maßnahme« umzudeuten, und damit auch noch ihr Image pflegen wollen. Dabei sind die Gründe dieselben wie in der Konsumgüterindustrie:

- Kürzere Modellzyklen und hektische Entwicklungszeiten: Der erste »Golf« zum Beispiel entstand noch in 50 Monaten; die vierte Auflage kam schon nach 31 Monaten in die Verkaufssalons. »Nur ein Dummkopf glaubt, dass sich in drei Jahren ein neues Auto konstruieren lässt«, moniert der ehemalige VW-Chefentwickler Ernst Fiala.
  Aus Prestige- und Wettbewerbsgründen will jedoch jeder Hersteller mit seinem Produkt als Erster auf dem Markt sein. Somit »reift« die Ware oft erst beim Kunden.
  Experten raten wohlweislich davon ab, von einem Gerät oder einem Auto die erste Generation zu kaufen.
  Apropos »Made in Germany«: 60 bis 80 Prozent der 8000 Teile eines Autos kommen heutzutage von Zulieferern aus der ganzen Welt.

- Die Technik wird immer komplizierter:
»Alle fünf Jahre verdoppelt sich der Elektrik- und Elektronikanteil«, erklärt ein Experte. Und genau dies ist laut ADAC-Straßenwacht auch Pannenursache Nummer eins. 1000 Steckverbindungen pro KFZ sind keine Seltenheit mehr. Dabei dienen technische Neuerungen bei weitem nicht immer dem Wohl oder der Sicherheit des Kunden. »In Deutschland führen technikverliebte Ingenieure das Wort«, höhnt Dr. Shuhei Toyoda, Präsident von Toyota Motor Europe. In Japan dagegen müssen sich die Techniker den auf Qualität und Prozesstreue getrimmten Produktionsspezialisten unterordnen.
Noch schlimmer sieht es aus im Bereich Konsumelektronik. Ein Konstrukteur des deutschen Elektronikgiganten Siemens gesteht offenherzig, dass er 95 Prozent seiner Arbeitszeit über 95 Prozent der Handyoptionen brüte, die dann nur fünf Prozent der Käufer nutzen.
- Immenser Kostendruck:
Kleinwagen zum Beispiel sind so knapp kalkuliert, dass überall gespart wird, weiß ein ADAC-Sprecher. Und oft eben auch zu viel. Mal ist ein Kabel zu kurz, mal eine Fassung zu klein.
Die Folge: 2004 zählte das Kraftfahrt-Bundesamt 137 Rückrufaktionen von Autoherstellern. Zehn Jahre zuvor waren es noch 35.

Was tun?

Auf die Barrikaden gehen, rät Manfred Tscheligi, Professor in Wien und Leiter eines Instituts mit dem schönen Namen »Center for Usability Research and Engineering«, abgekürzt CURE – was auf Deutsch so viel bedeutet wie Kur oder Heilung: »Sonst ändert sich nichts.«

Wie viele Menschen haben jemals auf der Erde gelebt?

Genau lässt sich das nicht berechnen, denn genaue Daten über Größe und Entwicklung der Weltbevölkerung liegen erst seit Beginn des letzten Jahrhunderts vor. Basierend auf Hochrechnungen geht die »Deutsche Stiftung Weltbevölkerung« (DSW) jedoch davon aus, dass bislang insgesamt etwa 106,4 Milliarden Menschen gelebt haben. Aktuell leben mehr als 6,3 Milliarden Menschen auf der Erde, also rund sechs Prozent aller Menschen, die jemals gelebt haben.

Ausgangspunkt der Berechnung ist die Entscheidung, ab welchem Punkt der prähistorischen Entwicklung des Homo sapiens man von »Menschen« im heutigen Sinne sprechen kann. Die Vereinten Nationen setzen diesen Zeitpunkt auf 50 000 Jahre vor Christi Geburt an. Man schätzt weiterhin, dass um 8000 v. Chr. etwa fünf Millionen Menschen lebten. Bis Christi Geburt ist die Zahl der Erdbewohner auf etwa 300 Millionen Menschen gestiegen.

Noch bis zu Beginn der Neuzeit wuchs die Weltbevölkerung nur langsam und erreichte um das Jahr 1650 schätzungsweise 500 Millionen Menschen. Doch spätestens mit Beginn des 20. Jahrhunderts beschleunigte sich das Bevölkerungswachstum rasant. Im Laufe des 20. Jahrhunderts hat sich die Weltbevölkerung nahezu vervierfacht: von 1,6 Milliarden Menschen im Jahr 1900 auf über 6,2 Milliarden.

Gibt es mehr Frauen oder mehr Männer auf der Welt?

Nach Angaben der Vereinten Nationen leben heute mehr Männer als Frauen auf der Erde. Anno 2000 gingen die Experten von 6 070 581 000 Menschen auf unserem Planeten aus, davon waren 3 054 241 000 männlichen Geschlechts und 3 016 340 000 weiblichen Geschlechts.

Die Hauptursache für dieses Ungleichgewicht sei das zahlenmäßig ungleiche Verhältnis der Geschlechter bei der Geburt: Auf 100 neugeborene Mädchen kommen ungefähr 105 Jungen.

Mit fortschreitendem Alter verändert sich jedoch das Verhältnis der Geschlechter innerhalb der Altersgruppen; denn Männer sterben aufgrund ihrer niedrigeren Lebenserwartung früher als Frauen. In einer »älteren« Bevölkerung mit einem relativ hohen Anteil an alten Menschen – wie zum Beispiel in Europa und den USA – gibt es daher mehr Frauen als Männer.

Wieso bringt der Osterhase bunte Eier?

Hühner legen unsere Ostereier – nicht Hasen.

Allerdings galt der Hase schon immer als Symbol der Fruchtbarkeit. Die alten Griechen stellten ihn deshalb ihrer Liebesgöttin Aphrodite zur Seite, die Germanen der Frühlingsgöttin Ostara, zu deren Ehre sie am Frühlingsanfang ein großes Fest feierten. Weil der Hase als erstes Tier nach dem Winter Junge zur Welt bringt, war er für die frühen Christen auch Sinnbild der Auferstehung Jesu.

Manche Experten sehen den Zusammenhang zwischen Hase und Christentum etwas anders: Weil ein Hase keine Augenlider hat und es daher so aussieht, als würde er nie schlafen, symbolisiere er den nie sterbenden (weil auferstandenen) Christus.

Das Ei ist möglicherweise ein noch älteres Fruchtbarkeitssymbol, denn es taucht als solches bereits in den Schöpfungsmythen der Antike auf. Auch für die ersten Christen war das Ei Symbol des Lebens, das aus etwas scheinbar Totem, nämlich einer Eierschale, entspringt.

Die Verknüpfung von Hasen und Eiern als Symbole von Auferstehung und neuem Leben mit Ostern war daher wohl nahe liegend.

Warum aber sind die Ostereier bunt? Der Direktor des Kölner Zoos, Prof. Gunther Nogge, hat folgende Erklärung: »Während des Mittelalters war der Gründonnerstag einer von zwei Terminen, an denen die Bauern ihren Pachtzins zahlen mussten. Das konnte auch in Naturalien geschehen, zum Beispiel Brot, Eiern, Geflügel und auch Hasen. Zum Wohlgefallen der Lehnsherren färbten sie wohl auch mancherorts die Eier bunt. Im Lauf der Zeit verschob sich der Termin dann von Gründonnerstag auf den Ostersonntag.«

Warum vermeidet man im Fahrstuhl den Blickkontakt?

»Eine der letzten großen Herausforderungen im Zeitalter der Kommunikation ist das Fahren mit dem Lift, dem Prototypen der Mobilbox«, meint der Augsburger Kabarettist Roland Krabbe alias »Herr Braun«. Und hat eine kurze Satire mit dem Titel »Das Schweigen der Lämmer« darüber verfasst:

»Ich bin unterwegs von meinem Büro im 9. Stock ins Erdgeschoss. (...)

Nicht, dass ich Angst hätte, im Fahrstuhl stecken zu bleiben oder in den Abgrund zu stürzen. Dafür gibt es ja die Alarmtaste. Es ist nur so, dass ich am liebsten alleine fahre und nichts mehr hasse, als wenn jemand ...

›Pling‹ – schon wieder! Zwischenstopp in Etage 7. Herr Grubmann kommt rein. Quadratisch, praktisch, aromatisch. Grubmann gilt im Kollegenkreis als gefürchteter Liftpartner. Besonders dann, wenn es in der Kantine Bohnenauflauf gab.

Gott sei Dank steigt er ein Stockwerk tiefer wieder aus.

Dafür bekomme ich Frau Lange zugestellt. Von der Debitorenabteilung und Paper-fill-out-Center. Anfang 40. Ein kurzes Nicken, ich nicke zurück. Klassische ›Lift-Paar-Cross-Stellung‹. 40 Zentimeter Luftlinie liegen zwischen meinem und ihrem Bauchnabel. Ich will raus! Meine Augen irren umher: Bodenecke links, Bodenkante entlang, Bodenecke rechts und wieder zurück.«

An dieser Stelle unterbrechen wir den »gelifteten« Erzähler, um zu unserer Frage zurückzukehren: Warum eigentlich fühlen wir uns so unwohl in dieser Situation?

Kommunikationsforscher machen dafür die so genannte intime Distanz verantwortlich. Diese beträgt maximal 30 bis 60 Zentimeter. Menschen, die einander so nahe kommen dürfen, sind sich emotional sehr vertraut. Oder unterhalten eben eine intime Beziehung.

Wird diese Intimzone aber von Fremden betreten (zum Beispiel im Fahrstuhl, in überfüllten Verkehrsmitteln oder bei öffentlichen Veranstaltungen), löst dies Unbehagen bis hin zu Unruhe oder gar Aggressionen aus.

Um uns davor zu schützen, reagieren wir mit Vermeidungsverhalten: Der »Eindringling« wird quasi übersehen, indem wir auf den Boden schauen oder stur einen unbestimmten Punkt neben oder hinter dem anderen fixieren.

Neben der »intimen Distanz« unterscheiden Wissenschaftler die

- »persönliche Distanz« (zu Freunden und Bekannten): 40 Zentimeter bis 1,50 Meter;
- »gesellschaftliche Distanz« (zu Chef, Mitarbeitern, Verkäufern etc.): 1,50 Meter bis 3,60 Meter;
- »öffentliche Distanz« (Theateraufführungen, Vorträge etc.): ab zirka vier Meter.

Darf man im Restaurant den Wein zurückweisen, nachdem man ihn gekostet hat?

Das hat man schon oft gesehen: Der Kellner bringt eine Flasche Wein, zeigt zuerst das Etikett, schenkt dann eine kleine Kostprobe ein.

Das hat man wohl noch nie gesehen: Der Gast nimmt einen Schluck, verzieht das Gesicht und lässt das Getränk zurückgehen.

Tatsächlich »genügt die Tatsache, dass Ihnen der Wein nicht schmeckt, nicht, um die Flasche zurückzuweisen«, erklärt der renommierte Benimmexperte Georg Incze. »Dieses Argument muss der Wirt nicht akzeptieren.«

Gute Gründe, einen bestellten Wein nicht zu trinken, sind nur:

- Der Wein ist verdorben oder schmeckt korkig.
- Der Wein ist schlecht temperiert.

Warum gehen Frauen immer zu zweit auf die Toilette?

Die Zeitschrift *Men's Health* wollte es genau wissen und befragte in einer Kneipe elf Frauen zu diesem Phänomen. Die plausibelsten Antworten:

- »Die meisten Männer ahnen es wahrscheinlich: Wir lästern! Über Frauen in superkurzen Röcken. Über Frauen mit überdimensionierten Dekolletés. Und über Frauen mit miesen Frisuren. Die meiste Zeit aber ziehen wir über Typen her, denn nur hier können wir ganz sicher sein, dass sie uns nicht hören.«
- »Oft sind die Schlangen vor den Kabinen meterlang. Jemand zum Quatschen verkürzt die öde Zeit.«

- »Das stille Örtchen ist einfach ideal, um der besten Freundin die gerade erstandene Unterwäsche zu zeigen. Da guckt wenigstens keiner.«
- »In den Diskos und auf Partys ist oft total viel los. Wer sich aus den Augen verliert, findet sich nie wieder. Besser erst gar nicht trennen.«
- »Große Badspiegel laden zum Outfit-Check ein. Da aber auch Frauen hinten keine Augen haben, muss immer eine andere dabei sein.«

Was bedeutet der rote Punkt, den manche Inderinnen auf der Stirn tragen?

Traditionell ist der rote Punkt das so genannte Bindi der Verheirateten. »Bindi« leitet sich vom Sanskritwort »bindu« ab (»Tropfen«, »Punkt«) und stellt ein glückverheißendes Symbol in der indischen Kultur dar. Nach indischem Glauben ist die Stelle zwischen den Augenbrauen Sitz der verborgenen Weisheit. Gläubige sprechen auch vom »dritten Auge«.

Heute tragen indes viele indische Frauen einen roten Punkt auf der Stirn, auch wenn sie nicht verheiratet sind. Auch andere Farben und Muster oder selbstklebende »Fancy Bindis« sind bei jungen ledigen wie verheirateten Inderinnen sehr beliebt. In Deutschland liegen Bindis als modischer Körperschmuck ebenfalls voll im Trend.

Wer ist der »deutsche Michel«?

Mal trägt er eine Zipfelmütze, mal schwingt er ein Deutschlandfähnchen, mal kraxelt er in Lederhosen in den Bergen herum: Der deutsche Michel ist eine Figur, die die Deutschen symbolisiert – so wie »Uncle Sam« für die USA steht, »Marianne« für Frankreich oder »Frau Antje« für die Niederländer. Er ist eine nationale Personifizierung und spiegelt die eigenen Vorstellungen der Deutschen über ihren Charakter wider.

Zum ersten Mal tauchte der deutsche Michel im 16. Jahrhundert auf, und zwar in einer Sprichwörtersammlung, in der er als einfältig und ungebildet vorgeführt wird. Karikaturisten griffen den Namen auf und zeichneten in den folgenden Jahrhunderten den deutschen Michel immer wieder als gutmütigen, aber einfältigen und unpolitischen Deutschen, der sich seiner Obrigkeit nicht zu erwehren weiß.

Wieso haben Menschen keine Brunftzeit?

Besser wäre das schon – meint »der kleine Tierfreund« (ein Kult-Moderator vom »Frühstyxradio« des niedersächsischen Radiosenders *ffn)*. Denn:

»Eins der großen Probleme des Menschen ist die ganzjährige Brunftzeit. Es ist an der Zeit, so meinen weitsichtige Tierfreunde, die periodische Brunftzeit auch wieder beim Menschen einzuführen. Die durch ständige Liebesbereitschaft des Weibchens hervorgerufenen Zersetzungserscheinungen unserer Gesellschaft wie Imponiergehabe auf der Autobahn oder das unrühmliche Stilettforkeln in den Rotlichtrevieren gehörten der Vergangenheit an …

Die unseligen Paarbindungen, die ganze Generationen ins Elend gestürzt haben, fänden in einem kommunalen Brunftbetrieb wohl ihr verdientes Ende. Stattdessen würden einmal im Jahr die Weibchen eine Woche lang fiepend in den Fußgängerzonen einstehen, während die Böcke mit gesenkten

Sechzehnventilern aufeinander zurasen, um den Platzhirsch unter sich auszumachen …

Die einwöchigen Saturnalien (ein römisches Fest zu Ehren des Gottes; Anm. d. Autors) in den schwülen Lungen unserer Innenstädte befreiten den Rest des Jahres von den überlebten Formen der ständigen Gattenwerbung im Alltag. Die Böcke müssten den Frauen nicht mehr den Schlag ihres Wagens öffnen – im Zeitalter des japanischen Kleinwagens ohnehin eine ungeheuer lächerliche Geste –, und die Weibchen könnten sich nun mit aller Kraft um ihre Brut kümmern, statt an den Textilraufen der Kaufhäuser rumzulungern.«

Dem können Wissenschaftler allenfalls entgegenhalten, dass häufiger Sex die soziale Bindung fördere. Ansonsten sind auch (S)Experten bei dieser Frage weitgehend ratlos.

Statt eines Nachworts: »Akte X« ungelöst …

283-mal haben wir nun Rätsel entschlüsselt, die hinter der scheinbaren Selbstverständlichkeit des alltäglichen Anblicks unserer Welt verborgen liegen.

War's das?

Natürlich nicht.

Vielleicht haben Sie beim Lesen dieses Buches hin und wieder in eine Tüte mit knuspriger Waffelmischung gegriffen – und sich irgendwann gefragt, wieso von den Sorten, die am besten schmecken, anscheinend am wenigsten drin sind.

Und schon geht es weiter.

***

Tauchen wir am Ende ins Mysteriöse ein:

Wieso fallen immer dann alle Bälle zu Boden, wenn man zum ersten Mal den neuen Jongliertrick vorführen will?

Warum funktionieren kaputte Elektrogeräte wieder reibungslos, sobald man sie zum Händler zurückbringt?

Wie verknotet sich über Nacht der Duschschlauch?

Warum ist gerade das Werkzeug verschwunden, das man am dringendsten braucht?

Wieso treten wichtige Ereignisse erst dann ein, wenn man nicht mehr damit rechnet?

Weshalb ist ein korrekt zugeschnittener Draht plötzlich zu kurz?

***

Das sind sie, die wahren »X-Akten« unseres Alltags.

Klar, wir können damit leben.

Aber interessieren würde es uns trotzdem ...